KB013369

베르그송 읽기

세창사상가산책9

# 베르그송 읽기

**초판 1쇄 인쇄** 2015년 4월  5일
**초판 1쇄 발행** 2015년 4월 15일

-

**지은이** 한상우
**펴낸이** 이방원
**기획위원** 원당희
**편집** 김민균 · 김명희 · 안효희 · 강윤경
**디자인** 손경화 · 박선옥
**마케팅** 최성수

-

**펴낸곳** 세창미디어
출판신고 2013년 1월 4일 제312-2013-000002호
주소 120-050 서울시 서대문구 경기대로 88 냉천빌딩 4층
전화 02-723-8660
팩스 02-720-4579
이메일 sc1992@empal.com
홈페이지 http://www.sechangpub.co.kr/

-

**ISBN** 978-89-5586-243-0 04160
      978-89-5586-191-4 (세트)

이 도서의 국립중앙도서관 출판시도서목록(CIP)은 서지정보유통지원시스템 홈페이지(http://seoji.nl.go.kr)와
국가자료공동목록시스템(http://www.nl.go.kr/kolisnet)에서 이용하실 수 있습니다.
CIP제어번호: CIP2015009332

세창사상가산책 | HENRI-LOUIS BERGSON

# 베르그송 읽기

한상우 지음

9

세창미디어

## 머리말

철학과 1학년 시절, 열아홉 어린 나이에 처음으로 접했던 베르그송의 철학은 경이로움 그 자체였다. 그때 놀라움으로 뛰던 심장 소리가 아직도 들리는 듯하다. 대학과 대학원에서 공부하던 시절에 베르그송의 철학에 빠져 지냈고, 마치 저 혼자 베르그송의 철학을 아는 것처럼 열을 냈다. 심지어 그의 책을 프랑스어로 읽고 싶어 프랑스문화원 어학 과정을 쫓아 다니던 기억도 생생하다.

그러나 사람의 운명은 참으로 알 수 없어서, 나는 아주 오랜 기간 베르그송을 잊고 지냈다. 간간이 현대 유럽 철학을 강의 할 때나 내 연구 관심분야와 마주치는 지점이 있을 때만 베르그송을 다시 만나곤 했을 뿐이다. 그런데 어느 날 나에게 베르그송 철학에 대한 생각을 정리할 기회가 찾아왔다. 세창미디어에서 사상가시리즈를 출간하는데 그중 하나로 『베르그송 읽기』를 집필해 볼 수 있겠느냐는 문의였다. 언젠가 한번은 내가 왜 베르그송을 그토록 좋아하는지, 그의 사상을 어떻게 이해하고 있는지, 내 생각과 삶 속에 그의 철학이 어떤 영향을 미치고 있는지 정리해야 한다고 생각했었기에, 이 인연을 붙들기로 하였다.

누군가는 이 책에서 논의된 베르그송의 철학이 정말 베르그송의 것이 맞느냐고 물을 수 있다. 또 어떤 이는 이 책 속의 베르그송이 자신이 아는 베르그송이 아니라고 화를 낼지도 모른다. 그렇지만 이 책은 '내가 읽고 이해한 베르그송'이며, 젊은 시절 내 가슴을 끓어오르게 하고 지금까지 철학도로서의 삶을 살아오도록 부추긴(?) 정신적 스승에 대한 진심 어린 헌정이다.

사람들은 오늘날 우리가 철학자의 부재 시대를 살고 있다고 말한다. 그렇지만 철학적 과제는 우리 주위에 여전히 많이 쌓여 있다. 또 이 과제들은 이전의 것들과는 주제가 사뭇 다르다. 오늘날 제시되는 철학적 문제는 자유와 초월, 질적 삶과 참된 행복, 존엄한 죽음의 가능성과 인류의 미래, 사랑과 평화, 믿음과 희망 등 헤아릴 수 없다. 이 모두는 '인간과 생명'이라는 두 개의 주제어로 귀결된다. 그런데 우리가 20세기 전반부를 살았던 베르그송의 '생명주의' 철학서들을 곰곰이 음미해본다면 이 주제들에 대한 베르그송의 성찰 하나하나가 매우 도드라진다는 점을 발견할 수 있다. 그러므로 이 작은 책을 통해 갖는 바람은 두 가지이다.

하나는, 이 책을 읽는 이들이 이 주관적인 안내 책자를 벗삼아 이 시대가 공통으로 가진 철학적 화두와 각자가 지닌 철학적 의문을 해결할 실마리를 찾는 것이다. 또 다른 하나는, 우리가 베르그송이라는 거대한 산의 정상에서 만나는 것이다. 베르그송이라는 산을 오르는 이들이 각자의 여정에서 만날 것과 얻게 될 것은 각자 다를 것이다. 그러나 우리가 베르그송의 철학이라는 큰 산을 올라 산마루에 함께 선다면, 삶과 생명의 참된 의미를 찾아 나선 학문적, 철학적 동지가 상상했던 것보다 훨씬 더 많다는 사실과 철학이 여전히 시대의 희망임을 알게 될 것이다.

공적으로는 철학과 철학자 부재의 어두운 현실에 빛을 던지려 노력하는, 사적으로는 베르그송에 대한 마음의 빚을 청산하도록 기회를 준, 세창미디어 관계자들께 깊은 고마움을 표하는 바이다.

2015년 봄
다락골 연구실에서 한상우 씀

세창사상가산책 | HENRI-LOUIS BERGSON

프롤로그를 위한
에필로그

1941년 1월, 어떤 혹독한 추위보다도 더한 절망이 온 유럽과 파리 한 곁의 작은 마을 가르슈에 가득 차 있었다. 가르슈의 묘지를 향해 걸어가고 있던 마을의 주임 신부는 얼마 전의 일이 떠올랐다. 사제관에서 명상에 잠겨 있다가 느닷없이 자신을 찾는다는 베르그송 선생의 전갈을 받은 일이다.

　　신부는 잘 알고 있었다. 나치와 그의 명령에 굴종하고 있는 비시정부의 사람들이 유대계 혈통을 지니고 있다는 이유로 —파리 고등사범학교를 최우수로 졸업하였고, 프랑스 아카데미의 회원이었으며, 노벨 문학상 수상자였고, 주미 프랑스 대사를 지냈으며, 프랑스 최고 명예훈장을 받았으며, 최고로 아름다운 프랑스어로 철학을 강의했던— 노老철학자를 감시하고, 아우슈비츠 같은 유대인 학살 장소로 보내지 못해 전전긍긍하고 있다는 사실을. 그러나 자신은 가톨릭 사제였고 베르그송 교수는 유대교 신자였기에, 쇠약해질 대로 쇠약해진, 그분이 자신을 찾는 이유가 생각나지 않았다.

노교수는 불기가 없어 차갑기 짝이 없는 자신의 방 침대에 누운 채로 주임신부를 맞이하였다. 가슴 깊은 곳에서 울려 나오는 기침 소리는 노교수가 죽음의 문턱에서 힘겹게 싸움을 벌이고 있다는 것을 알려주었다.

"신부님, 제 요청에 이렇게 와주셔서 감사합니다. 유대교 신자인 제가 갑자기 신부님을 청해서 놀라셨지요?"
"네, 조금 놀랐습니다. 왜 저를 찾으셨는지요?"

그때 주임신부는 아주 놀라운 이야기를 들었다.

"제가 가톨릭으로 개종하고자 합니다. 물론 이 늙은 몸이 이미 다가와 있는 죽음을 잘 알고 있는데, 이제 와서 유대인 수용소에 끌려갈까 봐 그러는 것은 아닙니다. 저는 이미 오래전부터 제가 가지고 있는 철학적 생각들이 가톨릭 교리와 일치하고 있음을 알고 있었습니다. 그래서 저는 제 철학적 사유와 종교적 믿음이 일치를 이룬 채 죽음을 맞이하고 싶습니다. 하지만 한 가지 부탁 말씀은 제가 가톨릭으로 개종하는 것을 제가 죽기 전까지는 세상에 비밀로 해달라는 것입니다. 아시다시피 수많은 제 동포들이 나치의 만행으로 인하여 참으로 억울한 죽음을 맞이하고 있습니다. '과연 우리의 신은 존재하는가? 그가 존재한다면 어디에 있는가? 그는 왜 우리 인간들을 이렇게 비참하게 만들고, 가장 비인간적인 만행에 침묵하고 있는가?' 하루에도 수천 번씩 이러한 의문이 생겨나고 있는 상황에 놓여 있습니다. 저는 저의 생각과 믿음이 일치하기를 바라지만, 그것이 제 동포들에 대한 배반으로 보이고 싶지는 않습니다."

"알겠습니다. 선생님이 원하시는 대로 하겠습니다. 내일 성사를 준비하여 찾아뵙겠습니다."

"천지의 창조주를 믿습니까?"
"네, 믿습니다."

이 물음과 답에 대해 이해하는 것은 어렵지 않다. 베르그송은 유대교 신자이기에 천지의 창조주 하느님을 믿느냐는 질문에 당연히 그렇다고 답을 할 수 있기 때문이다. 그러나 『형이상학 입문』에서 초월자인 신을 '존재be이며 동시에 생성become'으로 생각했고, 『창조적 진화』에서는 용솟음치는 용광로와 같이 '생명이 넘쳐흐르는 우주의 근원'으로 여겼으며, 『종교와 도덕의 두 원천』에서는 생명의 근원이고, 동시에 '사랑 그 자체'이고, 사랑을 통하여 인류를 자신에게로 끌어당긴다고 생각했던 노 철학자가 '천지를 창조한 분'으로서의 하느님을 믿는다고 대답하는 것은 각별한 의미가 있는 것이었다.

"그의 외아들 우리 주 그리스도를 믿습니까?"
"네, 믿습니다."

이 유대인 철학자가 이제 예수를 그리스도, 곧 인류의 구원자임을 믿는다고 선언한다.

"성령을 믿습니까?"
"네, 믿습니다."

유대인들의 박해가 두려워 다락방에 숨어 있던 예수의 제자들에게 임했던 그 성령을 유대인인 베르그송이 믿는다고 대답한 것이다.

"거룩하고 보편된 교회와 성인들의 통공을 믿습니까?"
"네. 믿습니다."

자신의 대표적 저서들을 바티칸의 금서목록에 올렸었던 로만-가톨릭교회를 보편된 교회로 믿으며, 가톨릭 공동체의 일원임을 자임하는 것이다. 그리고 이제 자신이 『종교와 도덕의 두 원천』에서 강조했던 참된 영웅과 성인의 부름에 응답함으로써 사랑의 비약élan d'amour을 이루게 된다는 생각을, 로마-가톨릭교회의 교리와 일치시키고 있다.

터져 나오는 기침과 오랜 지병인 류머티즘으로 인한 고통과 함께 성사를 받은 베르그송은 힘겹게 주임신부에게 말했다. "신부님, 참으로 고맙습니다. 그리고 천주와 예수그리스도께 참으로 찬미와 흠숭을 드립니다." 주임신부는 불기 하나 없어 차갑게 식어 있는 베르그송의 침실을 나서며, 자신이 아주 가까운 시일 안에 종부성사를 위해 다시 불려 올 것이라는 것을 알았다.

불과 몇 명 되지 않는 지인들이 지켜보는 가운데 관 위에 성수가 뿌려지고, 유럽 철학사에서 누구보다도 빛났던 철학자 앙리 베르그송의 육신은 땅속에 묻혔다. 멀리서 지켜보는 나치와 비시의 경찰들은 초라한 영결식에 매우 의아한 얼굴이었다. 유대인 묘지가 아닌 가톨릭교회에 속한 마을 공동묘지에서 가톨릭 사제가 장례식을 집전하고 있었기 때문이다. 그렇지만 그게 뭐 대수인가. 이제 저 귀찮은 노인네가 죽었으니, 그 죽음 앞에서 더 이상 요란 떨 일도 없어졌다. 그보다 더 다행은 사람들에게 땔감 하나 제대로 구할 수 없게 만든 자신들의 비인도적이고 반인륜적인 탄압이 들통 나지 않게 되었다는 점이다. 앙리 베르그송이라는 대 철학자도 다른 수많은 유대계 유명 인사처럼 소리 없이, 초라하게 세상에서 사라졌다!

그러나 그의 사상과 삶은 결코 잊히지 않았다!!!

# 1

## 삶의 철학자로서
## 앙리 베르그송의 삶

# 1
## 삶의 철학의 공통적 특징과 베르그송의 철학

철학이 진리를 탐구하는 것이며 보편성을 추구하는 것이라면, 한 철학자가 그의 전 생애를 통해 표현하려는 것은 진리와 보편의 세계일 것이다. 하지만 철학자도 하나의 인간이며 유한한 개별자일뿐이다. 따라서 그가 발견한 진리와 사상은 그가 살았던 시·공간의 위치, 즉 시대와 역사적 배경, 정치·문화·사회적인 상황에 한정될 수밖에 없다. 그리고 그 시대를 함께 살았던 사회구성원의 공체험, 또 개인의 체험, 그가 놓인 상황과 조건에 의한 외적 체험과 이에 대한 내밀한 체험의 한계를 벗어날 수 없다. 한 철학자가 보여주는 진리와 보편성은 결국 개별자의 창문을 투과할 수밖에 없다. 그래서 우나무노Miguel de Unamuno는 "철학은 각 철학자의 인간성의 산물이다. 그런데 각 철학자는 살과 뼈를 가진 인간이며, 그와 같이 살과 뼈를 가진 인간들 속에 살고 있다. 그리고 그로 하여금 무엇을 하도록 하는 것은 오직 이성만이 아니라 의지와 감정, 살과 뼈, 전체의 영혼과 전체의 몸"이라고 말한다. 그러므로 한 철학자의 사상에 접근하기 위해 그가 살았던 삶의 세계Lebenswelt에 대해 이해하는 것은 단순히 개인사적 관심을 뛰어넘는 중요성을 지닌다.

그러나 어떤 의미로도 어떠한 사실에 대한 평가가 완전히 객관적일 수는 없으며, 어떤 이해도 '사실 그 자체'일 수는 없다. 그리고 누군가의 철학 사상에 대한 연구는 그 연구자의 사상이지 대상이 되는 이의 사상이 아니다. 그러므로 한 철학자의 사상에 대해 어떠한 철두철미한 현상학적 기술記述도 객관성과 타당성에 있어 항상 문제가 될 수 있다. 하지만 우리가 이러한 사실로 인해 야스퍼스가 말한 '한계상황Gerenzesituation'이나 우나무노가 말하는 '유한자의 슬픔'을 절실하게 느낀다고 해서, 누군가의 철학사상을 이해하고자 하는 노력을 포기할 수는 없다. 그것은 '나'라는 한 인간 실존에 대한 사고의 지평을 넓히는 것일 뿐만 아니라, 죽음과 유한성을 넘어서 있는 인류 전체의 삶과 연관되어 있기 때문이다.

'삶'과 '생명la vie'의 문제에 대한 관심은 인류가 의식을 갖고 자신의 삶에 대한 의문과 타자의 죽음에 대한 체험에 의문을 갖게 된 이후부터 끊임없이 사유대상이 된 가장 핵심적인 문제이다. 우리는 인간으로서의 삶, 곧 의식을 갖고 사유하는 존재로서 살아온 이래로 지금까지 계속해서 자신에게 주어진 삶과 생명의 문제를 끝없이 생각하고 해명하려고 했으며 삶의 종막으로 여겨지는 죽음 앞에 비통해하고 고뇌해 왔다고 말할 수 있다.

서양 철학에서는 '생명'의 문제를 철학적 탐구의 핵심적인 문제로 놓고 이 문제에 천착한 사람들을 특별히 삶의 철학 philosophie de la vie(또는 생철학)이라는 사조로 분류한다. 삶의 철학은 19세기 말에서 20세기 초인 1920년대까지 철학적 관심의 중심문제였다. 삶의 철학은 논리적이고 수학적인 방법이 다루지 못하는 삶의 생동적인 현실을 체험하고 파악함으로써 삶의 창조적인 성격에 충실해지려 노력한 철학이다. 사회적 관습 및 굳어진 사변적 인식의 틀 안에서 상실된 인위적이고 피상적인 삶을 떠나 인간에 의해 체험되고 이해되는 삶과 그 삶의 생동 속에서 인간의 본원성Ursprünglichkeit을 찾으려 한다.

이 철학사조는 18세기 독일에서 일어난 질풍노도 운동의 대표자들과 낭만주의 사상가인 헤르더Herder, 괴테Goethe, 야코비 Jacobi 등의 영향 아래에서 등장하였다. 그리고 삶의 철학이라 는 말이 등장하고 하나의 사조를 대표하는 용어로 확립되기 시작한 것은 이들과 동지 관계였던 슐레겔Fridrich Schlegel이 강단 철학Philosophie der Schule에 대비해 강의 제목으로 사용한 것에서 비롯되었다. 이들은 대체로 문화비판과 비이성주의irrationalism 의 입장에 섰으며, 자연과학Naturwissenschaft과 대비되는 새로운 정신과학Geisteswissenschaft의 방법론을 모색하였다. 그래서 삶의 철학이라는 말로 대표되는 철학사조가 의미하는 것은 —이들 사이에 어떤 통일된 이론이 있다는 것이 아니라— 삶의 창조 적 성격에 관심을 갖고 딱딱한 체계의 틀에 갇혀 있는 강단철 학에 반대하는 비체계적 철학의 경향을 가지고 있다는 의미를 지닌다.

20세기 초반까지 서양철학의 흐름에서 강한 영향력을 발 휘했던 이 철학사조는 후에 좀 더 인간 자신의 삶의 문제, 곧 실존Existenz으로 관심을 돌린 실존철학Existentialismus에 그 자리 를 넘겼다. 그 중심인물은 니체Fridrich Nietzsche, 딜타이Wilhelm Dlthey, 베르그송, 우나무노, 가세트Ortega Y. Gasett 등이다. 그러나 이들은 학문적인 배경이나 영향력, 학문의 방법론, 중심사상 자체가 서로 상이하다.

니체가 '살아 있는 인간의 자기를 초극하려는 삶', '이성의 혹으로서의 몸이 아니라, 오히려 이성을 몸의 혹으로 여기는 가치의 전도'를 생각했던 것과는 달리, 딜타이는 '개별자의 삶이 한데 모여 만들어지는 역사적 삶, 문화적 삶'에 더 관심을 기울인다. 스페인의 철학자 우나무노는 인간의 삶이 지닌 비극성, 곧 유한성에 초점을 맞추어 '살과 뼈를 가진 인간의 삶이 지니는 비극적 의미'에 관해 관심을 쏟음으로써 실존철학의 관심과 매우 유사한 입장을 취한다. 그런가 하면 가세트는 삶을 '정지도 휴식도 없는 행위', '드라마', '자신을 이기기 위한 싸움'으로 이해한다.

하지만 이들은 삶의 흐름 배후에 어떤 고정된 실체Substanz가 있는 것이 아니라 생성과 삶의 흐름 자체를 최종적인 것으로 보는 점에서는 공통된 견해를 보인다. 이들은 삶을 움직임Bewegung, 생성과 소멸의 과정Prozeß des Werdens und Vergehens, 끊임없는 흐름ständiges Fluß으로 이해한다.

삶의 철학자들이 보여주는 공통의 경향을 정리하면 다음

과 같다.

　삶의 철학자들은 이 세계 중심Diesseitigkeit적이다. 이들은 초월적인 존재나 원리를 철학 안으로 끌어들이기를 거부하고, 형이상학적인 사변思辨을 싫어한다. 생동하는 삶을 추상적이며 초월적인 원리를 통해 파악하거나 고정된 틀 속에 사로잡으려는 것을 부정한다. 하지만 이들의 경향이 경험주의나 실증주의와 같은 것은 아니다. 오히려 삶의 철학자들은 수학적인 사고방식에 알맞은 경험만을 인정하는 경험주의와 실증주의에 반대한다. 이들의 처지에서 보면 실증주의는 정신세계를 외부세계의 틀 속에 잡아넣기 위해 절단된 경험과, 인간의 정신생활에 대한 생물학적이고 물리학적인 이해를 통하는 변조된 경험에 기초한다.

　둘째로 그들은 근대정신이 출발점으로 삼았던 인간의 이성에서 그들의 철학이 출발하는 것을 거부한다. 그들은 주관과 객관을 분리하는 사유의 객관화에 의해서는 삶의 주객이 대립하지 않는 삶과 생명의 본원적인 통일성을 파악할 수 없다고 보았다. 또한 부단히 흐르는 삶과 생명 안에 아르키메데스적인 좌표점을 찾는 것은 불가능하다. 억지로 말한다면 아마도 '현재'가 그 좌표점이라고 할 수 있을 것이다. 하지만 '현재Gegenwart*는 '내 바로 앞에gegenwart 놓인 것'이지만, 내가 그것에 주목하는 순간 그것은 이미 '과거, 즉 지나가 버린 것Vergangenheit**'이 되어 있다. 그러므로 '아직 오지 않았으며noch nicht gekommen, 다가오는zukommende 미래Zukunft***'와 마찬가지로 현재와 과거도 우리가 닻을 내릴 수 있는 좌표점이 될 수 없다. 이것은 부단히 생성하고 변화하는 삶은 체험되고 이해될 수 있을 뿐, 고정된 관점에 의해 파악할 수 있는 것이 아니라는 것을 의미한다. 그래서 그들은 이성에 근거하고 단계적 추론에 의존하는 지성과 사변에 거부하고 직관적인 방법을 사용하고자 한다. 그리고 이 점에서 삶의 철학은 동시대의 다른 철학 사조들, 즉 현상학, 해석학, 철학적 인간학, 실존주의 등과 깊은 연관성을 가진다.

사람들은 일반적으로 20세기 철학의 특성 중 하나가 인간에 대한 관심의 증가라고 말한다. 그것은 현상학, 해석학, 철학적

---

* 현재라는 단어 Gegenwart는 바로 앞에서 기다리는 gegenwart의 의미이다.
** 과거라는 단어 Vergangenheit는 가버렸다(vergehen)의 의미이다.
*** 미래라는 단어 Zukunft는 오고 있다(zukommen)의 뜻이다.

인간학, 실존주의가 인간의 정신과 현상, 인간의 삶과 문화에 대한 이해와 해석, 인간의 의미와 우주 안에서의 위치, 인간 실존의 의미 등에 관심을 둔다는 점에서 그렇다. 그러므로 인간과 생명의 문제에 천착하는 삶의 철학 또는 생명의 철학은 현상학, 해석학, 철학적 인간학과 같은 관심의 선상에 서 있다. 그뿐만 아니라 니체가 말하는 '내면 성찰 또는 꿰뚫어보기Introspektion', 베르그송이 말하는 '직관intuition'과 '공감sympathie', 딜타이가 말하는 '직접 살아보기 또는 체험하기Erlebnis'는 후설Edmund Husserl이 말하는 감정이입Inthropathie, 야스퍼스가 말하는 실존의 해명Erhellung, 하이데거Martin Heidegger가 말하는 드러내기Entdeckung, 그 밖의 실존철학자들과 해석학자들이 말하는 '해석Auslegung'과 '의미 찾기Deutung' 등과 더불어 모두 논리적 추론이나 추상적 사변과는 멀리 떨어져 있는 개념들이다. 그러므로 삶의 철학이 고정된 토대 위에 조직적이고 관념적인 체계를 세우려는 합리주의나 이성주의에 대해 반대하고 비이성주의 또는 반이성주의라고 평가되는 것은 크게 잘못된 것이 없어 보인다.

그러나 이들의 사상이 이들을 추종하는 사람들이 보고 있는 것처럼 극단적인 비이성주의나 신비주의적인 경향을 보이는 것은 아니다. 뒤에 다시 언급하겠지만, 특히 베르그송의 철학은 더욱 그렇게 이해되어서는 안 된다. 베르그송의 철학을 반주지주의 및 비이성주의로, 또 반그리스도교적 신비주의의 관점에서 파악하려는 것은 베르그송의 철학을 잘못 이해하는 것이다. 베르그송은 프랑스 유심론唯心論의 전통을 잇는 철학자이면서도 '생명生命'의 문제에 대한 생각을 전개함에 있어서 당시 자연과학의 ―특히 생물학과 뇌 과학 분야― 새로 발전된 이론들에 대해 깊은 이해를 바탕으로 두고 전개하였다. 그뿐만 아니라 베르그송은 생명의 장場 안에서 펼쳐지는 창조와 진화의 문제에 대한 관심을 생명체, 곧 유기체로서 인간의 삶과 문화, 사회와 윤리의 문제로까지, 즉 신비주의가 아니라 사회학과 윤리학의 분야로 관심을 확장해나갔다. 그러므로 베르그송의 철학을 단 하나의 단어로 규정한다면, 그것은 생명주의vitalism라고 할 수 있다.

# 2
## 베르그송의 생애

베르그송은 위대한 철학자였다. 특히 20세기 전반기의 철학사에 지대한 영향력을 발휘한 철학자로 평가된다. 그의 직접체험과 직관이 이성과 과학보다 더 사실<sub>진실</sub>을 이해하는 데 의미가 있다는 반이성주의의 가르침은 수많은 학자와 철학자에게 깊은 영향력을 미쳤다. 그는 또한 철학자임에도 불구하고 1927년 노벨문학상을 수상함으로써 사람들을 놀라게 하였는데, 수상 이유는 '풍부하며 생명력 넘치는 아이디어들과 그 것을 표현함에 있어서 보여준 천재적인 재능에 대한 공로를 인정한다'는 것이었다. 이것은 그의 철학사상의 독창성과 문학적 재능 모두에게 보내는 찬사였다. 1930년에는 '프랑스 최고 명예훈장'이 그에게 수여되었다.

수많은 사람이 '매우 영민한 사람'이었다고 평가하는 그의 본명은 앙리–루이 베르그송Henri-Louis Bergson이다. 파리 오페라 하우스에서 멀지 않은 곳인 라마르틴 가에서 찰스 다윈

Charles Darwin이 『종의 기원On the Origin of Species』을 발표하기 한 달 전인 1859년 10월 18일에 태어났으며, 역시 1941년 1월 4일에 파리에서 숨을 거두었다.

그의 아버지 미샤 베르그송Michal Bergson은 피아니스트였으며, 폴란드 출신 유대인이었다. 그래서 베르그송이라는 성은 본래는 폴란드식 이름인 베레크손(베렉의 아들이라는 뜻)에서 유래한 것이다. 이 가문은 폴란드의 유명한 가문이었으며, 그의 증조부는 1764년에서 1795년까지 폴란드를 다스렸던 포니아토프스키 왕의 재정담당자이자 정치적 조력자였던 사무엘 야쿠보비치 손넨베르크였다.

그의 어머니 카트린느 레비슨은 요크셔의 의사였던 영국인의 딸이었는데, 그녀의 집안도 본래는 아일랜드 출신의 유대계 사람들이었다. 앙리 베르그송이 태어난 곳은 파리였으나 어렸을 때 영국으로 이주하여 런던에서 살았으며, 어머니로부터 영어를 배우며 자랐다. 8세 때에 가족은 파리로 이주하였으며 앙리 베르그송도 프랑스 국적을 갖게 되었고 전형적인 유대계 프랑스인으로 성장하였다.

그는 ―한때 콩도르세 고등학교로도 알려졌었던― 파리의

퐁탄 고등학교에 다녔는데, 1877년 한 수학 난제를 해결함으로써 학교의 수학상을 수상하였을 뿐만 아니라, 이 논문은 이듬해에 수학전문지Annales de Mathématiques에 게재되기도 하였다. 이 논문은 베르그송의 첫 번째 출판물이 되었다. 이 시기에 그는 어릴 때부터 받아온 유대교 종교교육에 대해 갈등을 겪으며 유대교인으로서의 신앙심을 잃었다. 이때의 종교적 갈등은 그로 하여금 후에 진화론에 대해 관심을 두게 한 것으로 보인다.

진화론에 의하면 인간은 현생 인류를 포함한 인류 공통의 조상과 연관되어 있으며, 어떤 창조적인 신성이 필요하지 않은 진화의 과정을 통해 형성되었다. 그러나 베르그송은 이러한 자연주의 진화론의 입장에는 결국 동의하지 않았다. 하지만 이것이 후에 창조와 진화의 문제에 대한 노벨문학상 수상작인 『창조적 진화L'Evolution créatrice』(1907)를 쓰는 데 영향을 주었다고 그의 일대기를 연구하는 학자들이 말하는 것은 정당하다.

또한 이 시기에 베르그송은 자연과학자가 될 것인가 인문과학자가 될 것인가에 대해 고민했는데 결국 인문학, 특히 철학을 전공하기로 결심을 굳혔다. 그리하여 베르그송은 대학입

학시험인 바칼로레아를 문학과 철학 과목으로 통과하였으며 파리뿐만이 아니라 프랑스 전역에서 최고의 교사와 엘리트를 양성하는 것으로 유명한 파리 고등사범학교에 입학하였다.

파리고등사범학교 시기에 베르그송은 허버트 스펜서Herbert Spencer의 저서에 심취했다고 한다. 문학교사자격취득을 겸한 졸업시험에 합격한 후, 1881년에는 우수한 성적으로 철학분야의 고등학교 교수자격을 취득하였고, 중세 앙주주의 수도였던 앙제의 고등학교에서 교수 자리를 획득하였다. 2년 뒤인 1883년에는 클레르몽-페랑에 있는 블레즈-파스칼 고등학교로 옮겼는데, 이 도시는 퓌-드-돔주의 수도이다. 이곳에서 그는 소크라테스 이전의 그리스철학, 특히 파르메니데스Parmenedes의 존재론에 반대되는 만물유전설萬物流轉說을 주장했던 헤라클레이토스Herakleitos에 관하여 강의하였다. 그리고 이 점이 베르그송의 철학사상 형성에 중요한 역할을 한 것으로 보인다.

베르그송은 1884년 클레르몽-페랑 고등학교의 교사로 재직하며 그의 동료들과 마찬가지로 강의와 저술에 몰두하였다. 루크레티우스Lucretius, Lukrez 저술의 발췌본에 대해 비판적인 주석과 루크레티우스의 시에 나타난 물질론적 우주론의 입장을 나타내는 철학사상에 대해 소개하는 저서를 출판하였다. 그리고 이 책은 여러 차례 재판됨으로써 프랑스 젊은이들 사이에 고전 연구에 대한 열정을 불러일으키게 했다.

그뿐만 아니라, 그는 오베르뉴지역에 머무는 동안 연구에 몰두하여, 『의식에 직접 주어진 것에 관하여 *Essai sur les données immédiates de la conscience*』(1889)를 완성하였다. 이 논문은 박사학위 논문으로 받아들여졌으며, 이 저서와 더불어 라틴어로 쓴 아리스토텔레스 Aristoteles 에 관한 짧은 추가논문(『*thèse supplémentaire: Quid Aristoteles de loco senserit*』)으로 인하여 베르그송은 우수한 성적으로 학위논문시험을 통과하고 문학박사학위를 받게 되었다. 이 학위는 독일어권에서 본다면 박사논문 후에 쓰는 교수자격논문에 해당한다. 그의 삶에 거대한 족적을 남기게 되는 이 첫 번째 주요저서는 1889년 펠릭스 알캉 출판사에 의해 출판되었고, 독일에서는 그가 1896년에 쓴 『물질과 기억 *Matière et mémoire*』이 독일어로 번역된 1908년보다 조금 늦은 1911년에 번역본 『시간과 자유 *Zeit und Freiheit*』가 출판되었으며, 영어권에서도 번역본 『시간과 자유의지 *Time and Free Will*』가 널리 알려지게 되었다.

　이 저서는 당시 교육부 장관이었으며 자신의 파리고등사범학교 시절, 철학 교수였던 은사 라설리에Jules Lachelier에게 헌정했는데, 라설리에는 존재론 분야에서 탁월한 업적을 남긴 철학자 라베송Félix Ravaisson의 제자였으며, 『귀납법의 기원에 관하여Du fondement de l'induction』(1871)의 저자이기도 하였다. 라설리에는 '어느 곳에나 관성의 지배를 벗어나는 힘, 죽음을 극복하는 삶 또는 생명, 숙명을 치환하는 자유'를 시도했었다. 베르그송은 항상 파리고등사범학교 시절의 은사였던 두 철학자에게 큰 영향을 받았다고 생각하였다. 이로 말미암아 후대의 철학사가들에 의해 존재와 생성의 문제에 관해서 자신과는 사뭇 입장을 달리하였으며, 오히려 토미즘Thomism에 더 가까웠던 라베송의 학문적 후계자로 분류되었다.

　1888년 베르그송은 다시 파리로 돌아와 시립대학인 롤렝 콜레주Collège Rollin에서 짧은 교수생활을 한 뒤, 1890년 앙리 6세 고등학교Lycée Henri IV로 자리를 옮겼으며 이곳에서 8년간 근무하였다. 이곳에서 베르그송은 찰스 다윈의 저서를 읽었으며, 그의 진화론에 관한 강의를 개설하였다. 베르그송은 처음에는 획득형질의 유전을 주장했었던 라마르크의 견해를 따르는 라마르크주의Lamarckism를 지지했었으나, 나중에는 자신의 견해에 좀 더 가까운 생명의 지속적인 전개에 관한 다윈의 주장에 관심을 기울이게 되었다.

다윈은 종들이 합목적적으로 환경에 적응하여 변화해나간다는 ―J. B. 라마르크의 진화론과 유사한 견해를 가지고 있던 의사이며 박물학자였던 자신의 할아버지― 이래즈머스 다윈의 견해에 반대하여, 오랜 세월 동안 환경에 맞추어 서서히 모습을 변화해간다는 점진적 변이의 개념을 도입한 진화론을 주장했다. 그런데 '인간이 원숭이로부터 진화하였다'는 그의 주장은 일반적으로 그리스도교적 창조설이 인정되고 있던 당시의 유럽사회에 충격을 주었다.

영국 런던에서 열린 한 토론회에서는 인간의 조상이 원숭이냐 아니냐를 놓고 영국 사회 각계 인사가 모여 논쟁을 벌였는데, 이 토론회에서 다윈을 지지하는 측에는 찰스 라이엘, 앨프리드 윌리스, 토머스 헉슬리 등이 참여했고, 기독교 측으로는 영국 성공회 주교인 윌버포스가 참여했다. 이 논쟁은 후반에 윌버포스가 진화론 지지 진영을 향해 '그대의 할아버지 쪽 선조가 원숭이냐, 할머니 쪽 선조가 원숭이냐'라는 질문을 던졌고, 헉슬리는 '부도덕한 인간을 할아버지라 하느니 정직한 원숭이를 할아버지라 하겠다'고 응수하며 논쟁은 종결되었다.

하지만 이후에도 진화론은 격렬한 논쟁의 대상이 되었다. 다윈의 발표는 구약성서에 근거하여 하느님의 창조를 믿는 기독교 신학자들뿐만 아니라 당시의 생물학자들로부터도 맹렬한 반대를 받았다. 그러나 오늘날에는 많은 이들이 그의 진화론을 지지하고 있다. 하지만 현대 생물학에서는 생존경쟁설만을 받아들이고 있을 뿐, 변이에 관한 그의 견해를 대부분 부정하고 있다.

1892년 베르그송은 노벨문학상 수상자였던 마르셀 프루스트의 사촌 루이즈 노이베르거Louise Neuberger와 결혼하였다.

1896년 베르그송은 딸 잔을 얻었으며, 같은 해에 자신의 두 번째 대표작이며, 당시에 새로 개척되기 시작한 뇌 연구 성과에 대한 그의 생각을 반영하고 있었던 『물질과 기억』을 출판하였다. 이 저서는 독일에서 『Materie und Gedächtnis』과 영어권에서 『Matter and Memory』라는 같은 이름으로 알려졌으며 큰 반향을 일으켰다. 이 난해한 저서에서 그는 뇌의 기능에 대해 연구했으며 지각과 기억에 대한 분석을 시도하였다. 그리고 이를 바탕으로 육체와 정신의 관계에 대해 신중한 고찰을 이끌어 내었다. 그는 당시의 과학적 성과에 대해 정확한 이해와 연구를 위해 많은 노력을 기울였으며, 이를 통해 뇌 과학, 생물학, 그리고 사회학 세 분야에 대한 자신의 철학적 견해를 밝힌 저술들을 남겼다. 그중에서 이 저서는 분명히 뇌 과학과 관련된 기억의 문제를 다루는 것이며, 동시에 인간의 영혼에 대해 자연과학적 접근에 대한 자신의 비판적 입장을 잘 드러낸 것이었다.

1897년 『물질과 기억』의 출판으로 큰 명성을 얻은 베르그송은 그의 모교인 파리고등사범학교의 강사가 되었으며 곧 이어 교수로 임명되었다.

1900년 베르그송은 프랑스 전체에서 학문적인 집대성이 가장 많이 이루어지는 콜레주드프랑스Collège de France에서 샤를 레베크Charles Lévêque 뒤를 이어 그리스 및 라틴 철학 주임교수로 임명되었다. 1900년 국제적으로도 명성이 높아진 베르그송은 8월 1일에서 5일 사이에 파리에서 개최된 제1회 국제 철학자 대회에서 강연해달라는 요청을 받았으며, 이때 발표한 논문 「인과의 법칙에 대한 우리 믿음의 심리학적인 기원*Sur les origines psychologiques de notre croyance à la loi de causalité: Über die psychologischen Ursprünge unseres Glaubens an das Gesetz der Kausalität*」은 사람들에게 베르그송이 이성주의에 반대하는 성향을 가졌다는 인상을 강하게 심어주었다.

또한 같은 해에 〈파리 리뷰*Revue de Paris*〉에 논문 「웃음*Le rire*」을 발표하였고 이듬해 책으로 출판하였는데, 이 책은 독일에서도 『웃음*Das Lachen*』이라는 같은 제목으로 1914년에 출판되었다. 여기에서 베르그송은 코믹에 관한 이론을 발전시켰는데, 그것은 예술적인 창조행위에 대한 찬양을 담고 있으며, 또한 상징적인 문학가들과 예술가들에 관한 선지자적이고 총체적인 찬미를 지니고 있다.

이 소책자는 베르그송의 작은 저술 중에서 가장 중요한 작품이었다. 이 희극의 의미에 관한 논문도 그가 일찍이 오베르뉴에서 행했던 강의에서 나왔다. 그리고 이 연구의 핵심내용은 베르그송의 삶과 생명에 대한 견해를 이해하는 데 매우 중요한 역할을 한다. 그것은 예술이 삶에서 매우 가치가 있다는 점과, 인간존재로 하여금 웃음이 사회생활을 가능하도록 하는 중화제 및 교정 역할을 한다는 것이 핵심내용이었다.

1901년 그는 도덕학과 정치학 아카데미Académie des sciences morales et politiques의 회원으로 피선되었다.

1903년 베르그송은 『형이상학 입문Introduction à la métaphysique』을 출판하였는데, 제목은 평범하고 일반적인 것이었으나, 내용에 있어서는 기존의 '형이상학'이라는 개념이 가지고 있던 것과는 완전히 다른 그 자신만의 독특한 철학 정신을 담고 있다. 그리고 이를 잘 피력하기 위해 문장과 문단을 치밀하게 구성하였다. 베르그송의 이 독특한 저술 형식은 그만의 독특한 철학사상과 더불어 그의 저서 『창조적 진화』와 『종교와 도덕의 두 원천』 등 다른 저술에서도 계속되었고, 급기야는 철학저서인 『창조적 진화』가 노벨문학상을 받도록 하는 이유가 되었다.

1904년 45세가 되던 해에 사회학자이자 철학자였던 가브리엘 타르드Gabriel Tarde의 사망 후, 타르드가 가지고 있던 콜레주드프랑스의 현대철학 교수 지위를 계승함으로써 명실상부하게 학자로서 최고의 경력을 가지게 되었다. 그는 그 자리를 1920년까지 지켰다.

이해 9월 4일에서 8일까지 제네바에서 개최된 제2회 국제

철학자대회에서 베르그송은 「뇌와 사유; 하나의 철학적 환상 *Le Cerveau et la pensée: une illusion philosophique*」이라는 논문을 발표하여 주목을 받았다. 하지만 병으로 인하여 하이델베르크에서 개최된 제3회 세계 철학자대회에는 참석할 수 없었다.

1907년 그는 업적에 또 하나의 커다란 발자취를 남기게 되었다. 그의 저서 중 가장 널리 알려졌으며, 수많은 논쟁을 불러일으켰던 세 번째 주저主著 『창조적 진화*L'Évolution créatrice*』(1912)를 발표한 것이었다. 이 책은 당시에 커다란 유행이었던 진화론에 대해 철학적으로 근본적이고 비판적으로 성찰한 것이었으므로 깊이 있는 내용을 담고 있는 저술이었다. 그럼에도 불구하고 이 책은 대중적으로 큰 인기를 얻게 되어, 발표 이후 10년간 무려 21판이 인쇄되는 놀라운 일이 일어났고, 프랑스에서 그의 저술 중 가장 잘 알려지고 널리 읽히게 되었다.

피에르 앙바르 드 라 투르Pierre Imbart de la Tour에 의하면 이 책은 철학사상의 새로운 방향을 제시하는 이정표가 되었다고 한다. 그리하여 그는 프랑스어권에서 가장 많은 사랑과 존중을 받는 철학 저술가로 확고부동하게 자리를 차지하게 되었다. 그의 사상을 추종하는 사람이 학문과 학계에서만이 아니라 일반 대중 사이에서도 엄청나게 증가하였다. 그래서 그의 강의에는 일반인이 대거 참석하였다. 물론 프랑스 아카데미는 일반인을 위해서도 강의하는 개방대학이었으나, 베르그송의 강의에는 매번 오백 명이 넘는 일반인이 참석하였다고 전해진다. 그리고 이 책은 『웃음』과 더불어, 후일 베르그송이 노벨문학상 후보자로 선발된 가장 결정적인 근거가 되었다.

이 시기에 베르그송은 이미 생물학에 대해 광범위하게 연구했는데, 그중 하나가 창조적 진화의 첫 장에 나오는 수정受精에 관한 이론이었다. 그런데 이 수정이론은 당시 최근에 나타난 이론으로 1885년에 처음 등장했다. 이러한 사실은 철학의 역사 안에서만 살아온, 특히 그리스와 라틴 철학을 전공영역으로 가지고 있던 철학자에게는 대단한 업적이 아닐 수 없다. 그뿐만 아니라 베르그송은 다윈과 헤켈Haeckel의 이론을 따로 이해하였으며, 헤켈로부터 모든 생명체 사이의 생태학적인 연대성과 생명의 단일성과 통일성 및 조화unity에 대한 생각을 가져왔다. 이러한 생각은 드 브리스Hugo de Vries의 생각과도 같은 것이었는데, 그로부터 베르그송은 다윈의 점진주의에 대립하는 진화에 있어서의 돌연변이설을 받아들였다.

베르그송은 또한 ─콜레주드프랑스의 실험약학 부문 학부장이었던 클로드 베르나르Claude Bernard의 뒤를 이었던─ 브라운-세카르Charles-Édouard Brown-Séquard의 저술을 인용하는 등, 당시 생물학 분야의 학문적 발전에 대해 이미 방대하고 깊이 있는 연구를 수행했다.

1908년 베르그송은 미국의 철학자 윌리엄 제임스William James를 영국의 런던에서 만났다. 그들은 이미 편지 왕래가 있던 사이였고, 제임스는 자신보다 17년 연하인 이 프랑스 철학자의 생각을 매우 존중하였다. 이로 말미암아, 베르그송의 철학이 영미권에 알려지는 계기가 되었다. 베르그송도 제임스의 프랑스어판 책에 서문을 쓸 정도로 제임스와의 밀접한 연관성을 보여주었지만, 이 서문에서도 실용주의 철학philosophy of pragmatism에 대한 자신의 회의적인 입장을 숨기지 않았다.

1911년 4월 5일에서 11일 사이, 베르그송은 이탈리아의 볼로냐에서 개최된 제4회 국제철학자대회에 참석하였다. 이곳에서 그는 「철학적 직관L'Intuition philosophique」에 대해 강연하였는데, 이 직관의 개념은 그의 사상 전체에서 중요한 역할을 하였다.

1911년 5월, 이 강연을 인연으로 그는 영국에 초청되었고,

여러 곳에서 강연하였는데 강연들은 『시간과 자유』, 『물질과 기억』, 그리고 『창조적 진화』 3개의 주요 저서와 관련된 것이었다. 강연들의 내용은 매우 짧았지만 새로운 비전을 제공하였고, 전문 학자는 물론 학생과 일반인도 쉽게 이해할 수 있는 간결하고 분명한 문체로 이루어졌다. 긴 문장과 문단으로 구성된 그의 다른 저서들과는 사뭇 달랐다. 또한 이 강연들은 그의 저서에 담겼던 내용을 명료하게 집약한 것이었기에 영국의 청중에게 자신의 철학사상 핵심을 전달하는 데 있어 큰 성과를 가져오게끔 했다.

또한 그는 옥스퍼드대학교를 방문하여 「변화의 지각 _La Perception du changement_」이라는 주제에 대해 두 개의 강연을 시행하였다. 그의 강연은 옥스퍼드의 클래런던 출판사에 의해 같은 해에 프랑스어로 출판되었다. 또한 옥스퍼드대학교는 강연 후 그에게 과학박사학위를 수여하였다. 이것은 그가 최초로 받은 명예박사학위에 해당한다.

이틀 후 베르그송은 버밍햄대학교의 '헉슬리 기념강연'에서 자신의 철학 핵심 내용인 '생명과 의식'에 대해 강연하였고, 이 강연은 그해 10월 〈히버트 저널 _Hibbert Journal_〉에 게재되었으며,

수정판은 그의 논문 및 강연 모음집인 『영혼의 에너지*L'Energie spirituelle*』의 첫 번째에 실렸다.

그해 10월, 베르그송은 다시 영국을 방문하였고 열렬히 환영받았다. 이때 그는 런던대학교에서 「영혼의 본성*La nature de l'âme*」에 대해 네 차례 강의하였다.

또한 1911년에 베르그송은 '린체이 아카데미Accademia dei Lincei'의 특별회원이 되었다.

1913년에는 미국 뉴욕 주 컬럼비아대학교의 초청으로 영어와 프랑스어로 「영혼과 자유*Spiritualité et liberté*」 및 「철학 방법*The Method of Philosophy*」에 대해 강연하였고, 다른 도시의 대학에서도 강연하였으며, 수많은 청중이 그를 열렬히 환영하였다.

같은 해 5월, 다시 영국을 방문하여 '심리 연구를 위한 영국학회British Society for Psychical Research'의 회장으로 취임하였고, 「생명의 상징들과 심리 연구*Phantoms of Life and Psychic Research*」라는 주제로 강연해 강렬한 인상을 남겼다.

1914년은 베르그송에게 있어 특별히 성과가 많았던 해였다. 그는 그때까지 프랑스어로 저술해온, 그리고 다른 언어로 번역되었던 저서들로 인해, 프랑스에서 매우 중요한 저술가와 철학자로 인정받았고, 이로 말미암아 프랑스 아카데미의 일원이 되는 영광을 얻게 되었다.

또한 그는 국가 명예훈장인 '오피시에 드 라 레지옹 도뇌르' 와 '국민교육과 사회구성에 관한 훈장'을 받았다.

그뿐만 아니라 이해에, 1901년부터 회원이었던 '도덕학과 정치 과학 아카데미Académie des sciences morales et politiques'의 의장 이 되었다.

그의 대중적 인기는 급증하여 영어, 독일어, 덴마크어, 스페 인어, 헝가리어, 러시아어 등 다른 언어로 된 번역서가 쏟아져 나오기 시작하였다.

여러 형태로 베르그송의 추종자 모임도 결성되었다.

프랑스에서는 노동조합주의syndicalism를 표방하는 사람들이 베르그송 사상의 핵심 개념들을 자신들의 주장이나 선전을 위 해 활용하거나 자신의 것으로 포장하기 위해 힘썼다. 즉, 사 회주의자와 노동조합주의자의 대륙 연합기구가 만들어낸 이 론인 사회주의자 운동Le Mouvement socialiste은 카를 마르크스Karl Marx와 프루동Pierre-Joseph Proudhon의 실재론에 관해 서술하였 다. 그것은 모든 지성주의 형식에 적대적인 태도를 보이는 것이며, 그래서 마르크스주의적 사회주의 옹호자들은 베르그송의 철학과 같은 사상을 대환영할 수밖에 없다고 하였다.

그런가 하면 또 다른 이들은 열정적으로 '전 세계 노동자들과 산업근로자들의 전체 연대the Confédération Générale du Travail and the Industrial Workers of the World'의 목표와 콜레주드프랑스의 철학 교수의 사상이 일치한다고 주장하였다. 그것이 개인의 철학적 명상이라는 플루트 소리와 사회적 혁명이라는 우렁찬 트럼펫 소리의 완벽한 조화라고 천명하였다.

이렇게 한편에서 사회적 혁명론자들이 베르그송으로부터 자신들의 생각을 옹호하는 내용을 끌어내려고 노력하는 동안 다른 한편에서는 종교가들, 특히 자유주의적인 성향을 가진 신학자들이 베르그송의 저서 속에서 자신과 유사한 생각을 발견하여 용기를 얻으려 노력했다. 그중에서도 특히 '현대주의자와 자유주의적 신-가톨릭주의자의 정당'은 집단의 미래를 베르그송의 철학을 빌려 설계하려고 시도하였다.

그렇지만 이로 말미암아 바티칸은 베르그송의 철학이 범신론적이라는 이유로 이의를 제기하였다. 그의 생각대로 하면 '신은 그의 창조과정 안에 내재하며 창조과정과 더불어 자기 자신도 창조해간다'는 것인데 이러한 생각은 로마-가톨릭 교회의 가르침과 근본적으로 상치한다는 것이었다. 그리하여 1914년 6월 1일 자 '교령Decree'에 의해 그의 3대 주저들은 모두 바티칸의 금서 목록에 추가되었다.

1914년 스코틀랜드의 대학들은 베르그송을 위하여 '기퍼드 기념강연'의 강의를 맡기기로 하였다. 강의는 봄 학기와 가을 학기 두 번으로 나누어 진행되도록 계획되었다. 베르그송은 그해 봄 학기에 「인격의 문제 The Problem of Personality」에 대한 11개의 강의를 에든버러 대학교에서 모두 진행하였다. 그러나 가을 학기에 예정되었던 강의는 시행되지 못했는데, 그것은 그해에 제1차 세계대전이 발발했기 때문이다.

1914년 7월 25일 제1차 세계대전이 발발한 직후인 8월 1일부터 베르그송은 침묵 속에 있지 않고, 애국적인 글을 썼고 강연하였다. 그해 11월 4일 그는 「드러난 힘과 드러나지 않은 힘들 La force qui s'use et celle qui ne s'use pas」이라는 제목의 글을 써서 〈프랑스 공화국 군대의 공보지 Le Bulletin des Armées de la République Française〉에 발표하였다. 이를 통해 베르그송은 프랑스 군대가 도덕적으로 더 강해지기를 바랐고, 독일 제국주의에 대항하여 프랑스의 위치가 더욱 높아지게 되며, 독일제국은 몰락하기를 바랐다. 또한 그의 대표적인 강연인 「전쟁의 의미」는 그해 12월 4일 '도덕학과 정치학 아카데미'에서 행해졌다.

베르그송은 다른 여러 곳에도 글을 기고하였는데, 〈데일리 텔레그래프 *The Daily Telegraph*〉지가 기획하고 그해 크리스마스에 발간한 벨기에의 알베르 1세 왕을 기념하여 만든 『알베르 왕의 책 *King Alberts Book*』도 그중 하나였다.

1915년 그는 알렉상드르 리보 Alexandre Ribot에 의해 설립된 '도덕학과 정치학 아카데미'의 회장으로 피선되었다. 그리고 토론회를 개최하였는데 그 제목은 '독일 제국주의의 발전 The Evolution of German Imperialism'이었다. 그런가 하면 그는 프랑스 철학에 대해 간략한 요약을 부탁한 프랑스 행정부의 요청에 응하는 자리를 마련하기도 하였다.

1917년 4월과 5월, 베르그송은 르네 비비아니 René Viviani가 후원한 프랑스 사절단의 일원으로 미국으로 건너가 많은 여행과 강연을 통해 전쟁 중인 프랑스의 입장과 현실을 알리는 데 노력했다. 그는 전쟁에 미국을 참여시키는 협상에서도 중요한 역할을 하였다. 르네 비비아니가 쓴 책 『아메리카에서의 프랑스 사절단의 활동*La Mission française en Amérique*』(1917)은 베르그송의 서문序文을 담고 있다.

1918년 초에 프랑스 아카데미는 그를 아카데미의 '선별된 40명의 회원' 중 한 명으로 받아들였다. 그는 역사학자이며 『자유 제국*L'Empire libéral*』이라는 역사서를 쓴 에밀 올리비에 Emile Ollivier의 뒤를 이었다. 그에게 명예로운 자리를 위임한 위원회는 그해 1월에 개최되었다. 전쟁 중 베르그송은 정신과 물질 사이, 더 정확하게 말하자면 생명과 기계론 사이의 심각한 갈등을 보았다. 그리고 그는 자기 철학의 핵심 사상을 행동으로 보여주었다. 그 어떤 철학자도 자신의 생애에서 자신의 철학적 원리를 생생하고 대단하게 실험한 이는 없었다. 베르그송은 누구와도 비교하기 힘들 정도로 뛰어나게 프랑스를 위해 공헌했기 때문에 나치의 허수아비 노릇을 하던 비시정권에 의해 참혹하게 앙갚음을 당했다.

1919년 그의 친구들은 제1차 세계대전 발발 이전에 계획했었던 그의 글을 모은 두 권의 책을 출간하였다. 이 책의 내용은 정신적 힘(혹은 영혼의 힘)에 관한 것이었고, 『영혼의 에너지: 논문과 강연글 모음*L'Énergie spirituelle: essais et conférences*』이라는 이름으로 발간되었는데, 재판될 때에는 『영혼의 에너지』라는 제목으로 발간되었다. 베르그송 철학을 열렬히 추종하였던 영국에서는 윌든 카 박사Dr. Wildon Carr에 의해 『정신-에너지Mind-Energy』라는 이름으로 번역되어 출간되었다. 적국이었던 독일에서도 번역본 『영혼의 에너지Die seelige Energie』가 1928년 출간되었다.

이 책은 그가 1911년에 「생명과 의식Life and Consciousness」이라는 제목으로 행한 '헉슬리 기념강연'으로 시작되는데, 이 강연이 수정, 발전되어 「의식과 생명Consciousness and Life」이라는 주제어가 뒤바뀐 형태의 제목으로 수록되었다. 그리고 이 책에서는 베르그송의 사회윤리학적인 관심과 인격체로서 인간의 생존과 미래의 생명에 대한 그의 생각이 성숙해지고 있음을 보여준다. 또한 심리학 연구 협회the Society for Psychical Research에서 이루어진 이전의 강연, 런던에서 이루어졌던 4개의 강연을 하나로 묶었던 것과 프랑스에서 「영혼과 육체L'Âme et le Corps」라는 제목으로 강연했던 것도 포함되어 있다. 일곱 번째와 여덟 번째 글에는 1904년 제네바에서 개최되었던 세계철학자대회에서 발표하였던 유명한 논문 「정신과 신체의 병행론Le paralogisme psycho-physiologique」이 재수록되어 있다. 이 논문은 위에서 언급한 것처럼 오늘날 「뇌와 사유: 하나의 철학적 환상*Le cerveau et la pensée: une illusion philosophique*」으로 알려져 있다.

다른 논문들은 각각 「오류 인식*on the False Recognition*」, 「꿈」, 「지성의 효과*Intellectual Effort*」에 관한 것이다. 이 두 권의 책은 베르그송의 정신적 힘에 대한 생각과 —정신과 물질의 관계에 적용되는— '긴장'과 '이완'의 문제에 관한 생각을 잘 드러내 주었다.

그리고 이 시기에 베르그송은 플로렌스 마이어 블루멘탈Florence Meyer Blumenthal과 함께 블루멘탈 상Prix Blumenthal의 수상자 심사위원으로 활동하기 시작하였는데, 이 상은 1919년에서 1954년 사이에 화가, 조각가, 실내장식가, 도안가, 저술가, 음악가들에게 주어졌다.

1920년 베르그송은 영국의 케임브리지대학교에서 명예박사학위를 받았다. 그해 가을에 그는 콜레주드프랑스에서의 현대철학 교수 지위는 유지하였지만, 의무적으로 해야 했던 강의는 더는 하지 않기로 하였다. 이는 자신의 이름을 교수로서보다는 저술가로 남기기 위한 것이었다. 그는 윤리학과 종교, 그리고 사회학에 대한 새로운 저술을 준비하는 데 자신의 시간을 전적으로 할애하고자 했다.

그의 강의는 그의 제자이며 수학자인 동시에 철학자였던 에두아르 르루아Édouard Le Roy가 넘겨받았다. 르루아는 수학을 정초하는 데 있어 전통주의conventionalism의 견해를 고수하였는데 베르그송은 이 점을 높이 사고 있었다. 후에 르루아는 프랑스 아카데미에서 베르그송이 가지고 있던 회원자격 또한 승계하였다. 그는 열정적인 가톨릭 신자였으며, 전통주의 입장에서의 진리관을 종교의 영역에서도 드러내는 데 주저하지 않았다. 사변적 신학과 추상적 이성보다는 신앙과 마음과 감정에 특권을 부여하였다. 그리하여 바티칸은 베르그송의 저서와 마찬가지로 르루아의 저서들도 금서목록에 올렸다.

같은 해인 1920년 베르그송은 『지속과 동시성Durée et simultanéité』을 출간하였다. 이것은 지속Duration으로 우주를 이해하는 베르그송이 동시성Simultaneity으로 우주를 이해한 아인슈타인의 물리학에 대해 자신의 견해를 피력한 것이었으며, 프랑스 철학협회에서 있었던 아인슈타인과의 논쟁적인 대화의 결과물이었다.

그러나 이 책은 흔히 그의 물리학에 대한 지식이 매우 피상적이고 당시의 물리학 발전성과를 전혀 반영하고 있지 못하다는 평가와 주장에 의심스러운 부분이 많다는 이유로 그의 저서 중 가장 열등한 것으로 손꼽히게 되었다. 그래서 이 책은 1951년 프랑스에서 발간된 그의 탄생 『100주년 기념총서 *Edition du Centenaire*』에서 빠졌으며, 단지 후에 다시 수집되어 발간된 『그 밖의 글들*Mélanges*』에 함께 실렸을 뿐이다.

그렇지만 이 책에서 베르그송이 던진 철학적 질문들은 여전히 유효하다. 예를 들어, 다른 속도로 움직이는 두 물체에서 시간의 속도는 서로 다르다. 빛과 같은 속도로 우주로 나아간 우주선이 지구로 돌아왔을 때 지구에서는 수백 년이 지났지만, 우주선에서는 불과 몇 년 또는 몇십 년이 흘렀을 수 있다는 아인슈타인 측 주장에 대해, '그렇지만 그 우주선에 타고 있는 사람이 과연 그 시간을 몇백 년으로 느끼겠는가? 아니면 그는 여전히 몇 년, 또는 몇십 년의 흐름으로 느끼겠는가?' 하는 자신의 내적 시간론에 입각해 던지는 질문은 매우 의미심장하다. 더구나 아인슈타인의 상대성 이론 자체가 극복되고 반박되어가는 현대물리학의 입장에서 베르그송이 이 책에서 제시한 철학적 성찰을 다시 살펴보는 것은 충분히 가치를 지닐 수 있다. 어쨌든 이 책은 베르그송으로 하여금 국제연맹the League of Nations에서의 경험을 가능케 하는 데 일조하였다.

1921년 그는 콜레주드프랑스의 교수직에서 물러나 지성적인 상호연계를 위한 국제위원회the International Commission on Intellectual Cooperation의 창립위원 겸 위원장이 되었다. 이 위원회는 당시 스위스 제네바에서 시작된 새로운 국가연합기구였으며, 후일 유네스코Unesco가 된 기구다. 또한 이 기구에는 마리 퀴리Marie Curie와 같은 위대한 과학자도 있었고, 베르그송과 대립각을 세웠던 아인슈타인도 위원으로 참여하고 있었다.

1927년 아내와 딸과 함께 파리 포르트 오테이유 근처의 조용한 거리에 있는 아파트에 살고 있던 베르그송은 노벨문학상을 수상하였다. 그런데 이 수상은 매우 이례적인 것이라고 말할 수 있는데, 그 이유는 이 수상이 그가 쓴 철학책『창조적 진화』에 주어진 문학상이었기 때문이다. 그러나 이러한 수상이 사람들에게 조금도 억지스럽게 여겨지지 않은 까닭은, 베르그송의 다른 저술과 마찬가지로 이 저서가 문학적으로도 탁월하며 아름다운 운율까지 갖춘 최고의 프랑스어 작품이었기 때문이다. 그의 저서는 단지 철학적 내용에 있어 뛰어나고 특별한 것일 뿐만 아니라, 단어와 문장, 그리고 문단의 구성에 있어서도 타의 추종을 불허하는 아름다운 문학작품이기도 하였다.

그러나 수상을 위한 스톡홀름으로의 여행은 류머티즘으로 인한 심한 고통 때문에 이루어지지 못했다. 대신 그는 수상 승낙 연설문을 보냈다. 후에 이 연설문은 『사유와 운동*La Pensée et le mouvant*』에 실려 출판되었다. 그의 몸은 류머티즘으로 심각하게 손상되었으며, 날이 갈수록 점점 더 심각해져 갔다. 그러나 그는 고통 속에서도 마지막 역작을 쓰는 데 온갖 노력을 기울였다.

1928년 그는 미국 '예술 및 과학 아카데미의 외국인 명예 회원'으로 선출되었다.

1930년, 프랑스 정부가 수여하는 최고 등급의 훈장인 '레지옹 도뇌르 대십자 훈장'을 받았다.

콜레주에서 은퇴한 이후, 베르그송은 세상에서 잊혀가고 있었다. 지병인 퇴행성 류머티즘으로 큰 고통을 겪었으며, 몸은 이미 절반 정도 마비된 상태에 놓여 있었다. 그러나 이 와중에서도 베르그송은 그의 사상을 도덕, 종교, 예술의 영역으로까지 확장한 새로운 대작을 완성해내었다. 그것이 바로 『종교와 도덕의 두 원천_Les deux sources de la morale et de la religion_」이다.

1932년 탈고하여 1933년 출간된 『종교와 도덕의 두 원천』으로 인하여 베르그송에게 다시 한 번 철학계와 과학계는 물론 일반 대중의 이목이 쏠렸다. 하지만 이 위대한 저서도 찬사와 추종으로 가득 찼던 철학자로서 빛나는 삶이 종막을 고하는 것을 막지는 못했다. 그렇지만 이 저서는 사회와 도덕과 종교에 대한 베르그송의 숙고와 통찰로 가득 찬 것이었으며, 치밀하게 논증된 논문이라기보다는 생각의 결정체라고 부를 수 있는 것이었다. 그리고 유대교 신앙에서 멀어진 후 범신론적으로 보이던 그의 사상은 이 책과 더불어 그리스도교적-신비주의적 입장으로 경도되었음을 보여주었고, 이때부터 가톨릭 교도가 되기로 결심한 것으로 보인다.

그러나 그는 임종이 임박하기 전까지 가톨릭으로 개종하는 문제에 거리를 두었다. 그 이유는 1930년대 나치즘의 등장과 함께 —유럽 전역에서, 그리고 프랑스에서도 이미 시작한 유대민족에 대한 혐오와 탄압을 정당화한— 반유대주의와 이에 기초한 반유대주의적 법률과 유대인 박해로부터 도망치려 한다는 비난을 듣고 싶지 않았기 때문으로 보인다. 그는 모든 것을 포기하면서도 동족에 대한 연대감과 사랑을 보여주었으며, 어떤 박해나 불의에도 굴복하지 않고 한 사람의 철학자로서 자신의 신념을 지켜내는 불굴의 정신을 보여주었다.

그렇지만 베르그송이 가톨릭신앙으로 개조하려는 생각이 있었음을 알려주는 이유는 1937년 2월 8일에 쓴 글에서 찾을 수 있다: "내 사유는 나를 언제나 가톨릭주의에 가까이 가도록 이끈다. 나는 가톨릭주의 안에서 유다이즘을 완전하게 해주는 것을 보았다."

1940년, 자신의 삶이 마지막에 가까워졌을 때 이전에 자신에게 주어졌던 모든 자격, 지위, 회원자격, 명예를 모두 포기해 버리고 유대인의 한 사람으로 자신의 입장을 정립했다. 그리고 나치의 명령을 따르던 비시정권의 수상 필립 페텡은 이를 빌미 삼아 법적으로 그를 박해하는 범죄행위를 시작하였다.

1941년 1월 4일 세상에서는 잊히고, 그를 단지 한 사람의 유대인으로만 취급하는 비시정권의 탄압을 받던 베르그송은 나치가 파리를 점령하고 있던 날, 불기운 하나 없는 추운 방에서 기관지염으로 운명하였다. 장례식은 그가 원했던 대로 가톨릭 사제가 가톨릭 식의 절차를 진행하였으며, 시신은 유

대인 묘지가 아닌 가르슈의 마을 묘지인 오-드-세느에 안장
되었다.


3

**베르그송의 저서와 그에 관한 저서와 논문**


베르그송은 자신의 필명으로 루이를 빼고 앙리 베르그송
이라 썼다. 그의 저서들은 점차 국제적인 명성을 얻게 되었
고 철학 교수로서의 조용한 삶은 이들 저서에 의해 변화하게
되었다. 대표적인 저서는 『의식에 직접 주어진 것에 관하여』,
『물질과 기억』, 『창조적 진화』, 『종교와 도덕의 두 원천』 네 가
지가 손꼽히며 전체의 저서를 총정리하면 다음과 같다.

베르그송의 박사논문이며 최초의 주저인 『의식에 직접 주
어진 것에 관하여』에서 다룬 주제는 시간과 지속, 그리고 의
식과 자유의지에 관한 문제였다. 이 책은 한편으로 스펜서의
철학사상이 불충분하다는 것을 증명하려는 노력에서 나왔고,

다른 한편으로는 칸트Immanuel Kant의 시간과 자유의지에 관한 주장에 대해 하나의 반박이라고도 볼 수 있다.

칸트는 자유의지가 오로지 시간과 공간의 영역 밖에 존재하는 것이라고 보았다. 그것은 단지 실용적인 믿음일 뿐, 우리는 그것이 무엇인지 정확히 알 수 없으며 존재하는지도 모른다는 것이다. 베르그송은 칸트도 다른 많은 철학자와 마찬가지로 시간과 그것의 외연적이고 공간적인 재현 사이에서 혼동하고 있다고 평가한다. 칸트의 시간론은 시간을 등질적homogeneous이며, 일회적이고 영원히 한 방향으로만 진행되는 공간화된 시간일 뿐이라는 것이다. 그러므로 이러한 결정론적 사고방식에서는 자유의지가 단지 하나의 실용적인 믿음에 지나지 않는다.

하지만 베르그송은 여기에 반해 지속으로서의 시간은 공간화할 수 없고, 균질적이지 않으며heterogeneous, 나란히 병렬해 놓을 수 있거나juxtaposed 각각의 부분으로 분할할 수 있는 것이 아니며, 어느 한 부분이 다른 한 부분의 원인이 될 수 있는 것도 아니다. 이러한 이론에 기초해 베르그송은 결정론이 불가능한 이론이며, 자유의지는 순수한 운동이고 지속과 동일한 것이라고 주장하였다.

베르그송은 1896년 출간된 『물질과 기억』에서 영혼과 물질 사이의 관계에 대하여 새로운 견해를 표명하였는데, 이는 결코 관념론적인 것도 아니었고 실재론적인 것도 아니었다. 그것은 이미 살아와서 과거가 된 시간의 의미를 기억에 대해 분석하여 접근한 것이었으며, 영혼과 물질의 분명한 구분점을 찾아낸 것이 되었다. 그는 또한 이 저서에서 당시 심리학의 발전에 대해서도 상세히 논의하였다.

1900년에 발표한 『웃음, 코미디의 의미에 관하여』는 데카르트주의의 동물-기계 이론에 명백히 반대의 입장을 취하는 것이었다. 여기에서 베르그송은 단지 웃음에 관한 이론 자체만을 발전시켰을 뿐 아니라, 어떻게 웃음이 생겨날 수 있는지에 대해서도 논의하였다. 그렇지만 베르그송은 이 책에서 개념적 정의가 웃음의 본질에 다다를 수 없다고 보아 웃음의 과정을 묘사하는 방법을 사용하였고, 웃음에 대한 정의를 내리려 하지는 않았다. 자신의 주장을 옹호하기 위하여 특별히 희극과 광대가 이용한, 인간이 지닌 기계론적인 본성, 즉 습관, 자동적인 행위들 등에 대한 풍자에 관해 언급하였다. 즉, 우리는 사회의 요구에 부응하는 데 실패하는 이들에 대해, 만약 그 실패가 유연성을 허락하지 않는 구조에서 기인하는 것으로 보이면 웃게 된다. 희극작가는 다양한 방법으로 웃음을 유발하는데, 그들의 공통된 생각은 어떤 구조적이고 기계적인 것이 삶과 살아 있는 것을 뒤덮을 때 코믹이 형성된다는 것이다. 그러므로 웃음은 생명의 두 가지 경향, 즉 활력 없는 물질과 기계론을 향한 하강과 새로운 형상들의 지속적인 창조 두 가지 경향을 드러낸다. 그러나 베르그송은 무엇이 웃을 수밖에 없도록 만드는가의 기준이 결코 도덕적인 기준이어서는 안 된다고 경고한다. 만약 그렇게 될 경우, 한 인격체의 자아존중감에 심각한 손상을 가져오는 원인이 될 수 있다.

1903년에 발표된 『형이상학 입문』은 소규모의 저술이지만 베르그송의 철학을 치밀하고 정교한 문장구성을 통하여 드러낸 것으로 평가된다. 여기에서 그는 기존의 존재 중심의 형이상학이 지닌 문제점을 지적하고, 생성과 변화를 기초로 한 새로운 형이상학을 전개하고 있다. 그는 여기에서 "철학자는 보편과학자이다. 그것은 그가 과학적 관심을 어느 한 분야에 대해 갖는다는 의미에서가 아니라, 그가 어떤 것에도 관심을 가질 수 있다는 점에서 그렇다"라고 주장한다.

1907년에 발표되었고, 베르그송의 생명과 관련된 철학사상을 세상에 가장 널리 알리게 하였으며, 베르그송에게 노벨문학상의 영광을 안긴 『창조적 진화』에서 베르그송이 발전시킨 개념은 '생명의 약동élan vital'이었다. 이것은 그가 살고 있던 시대의 생명과학에 대한 정확한 이해를 기초로 발전된 것이었다. 그는 여기에서 대표작 중 하나인 『물질과 기억』의 영혼과 육체의 관계와 그 실제에 대한 이론을 더욱 확장하였다.

1919년에 출간된 『영적인 에너지, 논문과 강연 모음』은 베르그송이 계획한 저술은 아니다. 그의 동료들과 추종자들이 그가 여러 곳에서 행한 강연을 책으로 묶어 펴낸 것이기 때문이다. 하지만 이 책은 베르그송의 대표적 저서들 사이의 연관성을 밝혀주는 중요한 문헌이며, 간결함과 주제의 명확성으로 인해 베르그송의 철학을 전체적 이해하려는 사람에게 큰 도움을 준다고 평가된다.

1922년에 출간된 『지속과 동시성』을 통해 베르그송은 당시의 물리학에 대해 자신의 비판적 견해를 표명하였다. 그러나 아인슈타인으로 대표되는 당시 물리학의 새로 발전된 이론에 대한 그의 비판적 접근은 현대물리학에 대한 충분한 숙지가 없었다고 평가된다.

1932년에는 『종교와 도덕의 두 원천』을 통하여 자신이 가지고 있던 민속학Ethnologie, 사회학, 윤리학에 대한 철학자로서의 견해를 밝혔다. 이는 그가 자기 시대의 자연과학과 사회과학의 발전을 결코 도외시하지 않고, 오히려 새로운 발전으로부터 자신의 철학사상을 발전시키는 자양분을 섭취하였다는 것을 알게 해주며, 그가 매우 보편적이고 개방적인 학문태도를 지니고 있었음을 알게 해준다. 더 나아가 이 책은 베르그송 철학의 집대성이라고도 불리는데, 그 이유는 베르그송이 이 책에서 자신의 지속과 직관이론, 생명과 창조에 관한 문제, 기억과 자유의지의 문제 등 자신이 가지고 있던 철학적 주제를 집대성하여 '사랑의 비약élan d'amour'이라는 개념으로 발전시켰기 때문이다.

1934년 생애 마지막으로 『사유와 운동, 논문과 강연 모음』이 출판되었다. 이 책도 그의 강연을 묶어놓은 것인데, 한 가지 특이한 것은 1903년 발표했던 『형이상학 입문』이 다시 이 책에 수록되었다는 것이다. 이는 그가 자신의 철학사상을 총

정리하는 실마리를 우리에게 제공해준 것이다.

그의 관심과 관심의 결과물로 나타난 저서를 전체적으로 살펴보면, 그의 철학사상은 일관성이 있으며, 지속해서 발전해왔다는 것을 알 수 있다. 그것은 새로운 것은 새롭게 바라본다는 것이다. 그리고 이를 위해 '고전적인 지각 이론적이며 자기 동일적 철학klassische repräsentationslogische und identitätslogische Philosophie'과 그 철학 사상들의 개별과학의 영향으로부터 벗어나 '생성werden'을 특징으로 하는 사회적 삶에 더 어울리는 새로운 철학을 정초하려 하였다. 그런 면에서 베르그송은 자신의 표현처럼 '보편과학자로서의 철학자'였다. 또한 조르쥬 캉길렘의 말을 빌리면, '살아 있는 것들'에 대해 알고 있는 사상가ein Denker des Wissens des Lebendigen였다. 또한 장 기통Jean Guitton은 베르그송의 철학을 다음과 같이 평가하고 있다.

다른 많은 철학자와 마찬가지로 베르그송이 양자이론을 자신의 철학사상 안에 받아들이려 했을 때, 개념상의 커다란 변화가 필요하다는 것을 알고 있었다. 그 자신의 눈으로 보면, 양자물리학에서와 마찬가지로, 실제는 인과론적이지도 않고 지엽적이지도 않았다. 공간과 시간은 추상적인 것이며 순수한 환영에 불과했다. 수학적인 시간은 하나의 공간 형식이었다. 그러나 삶과 생명의 영역에 속하는 시간은 지속 그 자체다. 이 개념은 가장 근본적인 것이며 그의 전체 저작 가운데 언제나 다시 등장하며, 무엇보다 1889년 그의 박사논문 『의식에 직접 주어진 것에 관하여』에 등장한 개념이다. 오직 한 번 베르그송은 진리를 탐구하려는 철학가로서 자신의 삶 내내 그를 사로잡았던 단 하나의 생각이 다음과 같은 것이었다고 밝혔다. 그것이 바로 이 '지속'이라는 시간개념이었으며, 그것을 새롭고 더 정확히 표현하려는 시도를 그의 삶 동안 내내 추구하였다 Jean Guitton, 1993, S.23 참조.

# 4
## 베르그송과 다른 사상가의 관계 및 베르그송 철학의 영향

### 1) 윌리엄 제임스와의 관계

앞서 언급한 것처럼 베르그송은 1908년 영국으로 여행을

갔을 때 미국의 철학자 윌리엄 제임스를 만났다. 하버드대학교의 교수였던 제임스는 베르그송보다 17세 연상이었으며, 영미의 언론으로 하여금 이 프랑스 철학 교수에 대해 주목하도록 만든 사람이었다. 둘은 만나자마자 곧 좋은 친구가 되었다. 제임스의 베르그송에 대한 인상은 그가 1908년 10월 4일 쓴 편지에 잘 나타나 있다.

얼마나 수수하며 겸손하고 허세를 부리지 않는 사람이며 천재적이고 지성적인 사람인가! 그의 관점이 가져온 경향들이 일반적인 견해에 종말을 고하리라는 것에 대해 나는 아주 강력한 의혹을 가지고 있다. 오늘의 이 획기적인 사건이 철학의 역사에서 중대한 변환점이 될 것이다.

1880년 제임스는 프랑스의 정기간행물 〈철학적 비판La Critique philosophique〉에 프랑스어로 르느비에Renouvier와 필론Pillon에 대한 논문을 「효과에 대한 견해Le Sentiment de l'Effort」라는 제목으로 발표한 바 있었다. 그 4년 후인 1884년, 제임스는 〈정신Mind〉이라는 정기간행물에 「정감이란 무엇인가?What is an Emo-

*tion?*」와 「내면 성찰 심리학이 간과한 몇 가지에 관하여*On some Omissions of Introspective Psychology*」라는 제목의 두 논문을 발표하였다. 베르그송은 「효과에 대한 견해」와 「정감이란 무엇인가?」두 논문을 자신이 1889년 발표한 책 『의식에 직접 주어진 것에 관하여』에서 인용하였다. 그렇지만 「내면 성찰 심리학이 간과한 몇 가지에 관하여」는 전혀 인용하고 있지 않고 언급한 바도 없다. 또한, 베르그송은 『의식에 직접 주어진 것에 관하여』를 쓸 때 제임스의 이 논문에 대해 어떤 것도 알고 있지 못했다고 분명히 밝혔다. ―개념화의 과정을 통하여 지성을 왜곡시키는 의식의 흐름으로서 사유개념에 대해 논의하고 있는― 이 논문에 대해 알지 못했다는 것은, 베르그송의 의식의 흐름에 관한 사상형성에 제임스가 영향을 준 것은 아니라는 뜻이다.

1890년과 1891년 제임스의 두 권으로 된 기념비적인 저서 『심리학의 원리들*The Principles of Psychology*』이 출간되었는데, 여기에서 제임스는 베르그송에 의해 관찰된 병리 현상에 대해 언급하였다. 그래서 어떤 비평가는 제임스의 의식의 흐름에 대한 탐구 결과가 1870년부터 점차 여러 논문에서 드러나기 시작했으나, 1890년과 1891년에 간행된 『심리학의 원리들』에 비로소 종합적으로 드러났다고 보았다. 그러므로 이 출판 연도, 베르그송 책의 출판 연도와 두 사람의 논문과 저서들을 인용한 것을 비교하여, 오히려 베르그송의 사상 형성이 더 앞선다고 주장한다.

하지만 두 철학가의 사상은 19세기 말까지 서로 독립적으로 발전하였다고 보는 견해를 밝히는 비평가도 있다. 실제로 제임스는 생각의 발전과 발표에 약간 앞서 있었음에도, 베르그송의 주장 중 많은 부분에 대해 놀라워했고 오히려 베르그송의 생각이 더 뛰어나다고 평가하기도 했다. 그러므로 두 철학자의 이론 정립 사이에 선후관계를 설정하기는 어려워 보인다. 서로 영향을 주고받은 것으로 보는 것이 옳을 것이다.

그리고 순수한 학문의 영역을 멀리 벗어나 일반대중에게 많은 추종자를 얻었다는 공통점을 가지고 있는 두 철학자에게 있어 진정한 공통점은 지성주의에 대해 강력하게 반발하였다는 점에 있다. 그 외에도 예상보다 훨씬 더 많은 차이점이 있었다. 한 예로, 실용주의의 입장에 섰던 제임스와 유심론적 입장에 서 있던 베르그송의 생각은 매우 달랐다. 베르그송에게 있어서 '실용성' 또는 '유용성'이란 '오류'와 동의어였다. 그것은 진리추구와는 너무 거리가 먼 것이며, 사실상 정반대의 것이기 때문이다. 그러므로 베르그송을 실용주의자로 보기는 어렵다.

그렇지만 제임스는 베르그송 사상의 심도 있는 형이상학적 관점이 자기 생각과 조화를 이루지 않거나, 어떤 경우에는 완전히 상치한다는 것을 중요시하지 않았음이 분명하다. 제임스는 베르그송을 자신의 학문적 동료로 맞아들였다. 베르그송을 만나기 5년 전인 1903년 그는 이렇게 썼다.

나는 베르그송의 책을 다시 읽었다. 내가 지난 여러 해 동안 읽어온 것 중 그 어느 것도 이처럼 내 생각을 흥분시키고 고무하는 것은 없었다. 나는 그의 철학이 아주 위대한 미래를 가지고 있다고 확신한다. 그것은 낡은 핵심개요를 깨트려버리고 새로운 수정을 얻을 수 있는 해결점을 찾아낼 것이다.

무엇보다 언급할 가치가 있는 베르그송에 대한 찬사는 제임스가 베르그송을 만난 직후 옥스퍼드의 맨체스터대학에서 행한 『다원론적 우주A Pluralistic Universe』에 관한 강연에서 한 것이다. 그는 베르그송의 생각으로부터 자기 생각이 자극받았음을 밝혔으며, '베르그송의 영향력에 자기 생각이 기울 수 있다'는 확신에 대해 언급하였다. 베르그송의 영향은 '지성주의자적인 방법과 논리학이, 무엇이 존재할 수 있는가 없는가의 문제를 고찰함에 있어서 충분한 척도가 될 수 있다는 자기 견해를 포기하도록' 유도하였다고 하였다. 즉, 제임스는 '진실과 생명 또는 삶, 경험, 구체성, 직접성 등, 무슨 단어를 사용하든 그것은 논리학의 영역을 벗어난 것이며, 넘쳐나는 것이며 논리학의 주위에 있다. 그러므로 그것을 찾으려는 방법으로서의 논리학을 최종적으로 단호하게 포기'한다고 하였다.

이러한 진술은 1909년 출판된 제임스의 저서 『다원론적 우주』에 포함되어 있었고 이 책을 읽은 영국과 미국의 많은 사람이 그들 자신을 위하여 베르그송의 철학에 대해 탐구하게 되었다. 그러나 베르그송의 주요 저서들은 그때까지 영어로 번역이 이루어지지 않았었다. 그래서 제임스는 아서 미첼 박사Dr. Arthur Mitchell에게 용기와 도움을 주어 『창조적 진화』의 영역본이 나오도록 준비시켰다. 그러나 제임스는 1910년 가을 세상을 떠났다. 그는 자신이 죽기 전 이 책의 완역본이 나오기를 기다렸고, 그 영역판을 읽는 이에게 베르그송의 철학에 대한 사전지식과 올바른 평가를 위해 해설 하고 싶어 했다. 그렇지만 번역은 제임스가 사망한 이듬해에 완성되었다. 그리고 이 번역서로 인하여 베르그송의 철학에 대한 커다란 관심이 생겨났다.

그런데 놀라운 것은, 같은 해인 1911년 베르그송이 제임스의 실용주의에 대한 책『진리와 사실』프랑스어판에 16페이지에 달하는 해설을 썼다는 점이다. 여기에서 그는 제임스의 몇몇 중요한 연구에 대해 공감하면서 그의 업적을 기리고 있다.


2) 생존 시 베르그송 철학의 영향과 그에 대한 평가

그의 첫 번째 책이 출간된 후로부터 베르그송의 철학에 대한 강력한 비판이 여러 영역에서 제기됐다. 이것은 그의 사상이 대중적으로 큰 인기를 끌었으며 프랑스 철학에 지대한 영향을 끼쳤다는 것을 의미한다. 수잔 겔락Suzanne Guerlac이 지적하는 바와 같이 "베르그송은 괄목할만한 대중적 성공을 거두었는데 이것은 종종 그의 사상에 대한 감정적인 열정에서 기인하는 것이었다. 그러나 그는 엄격한 학문적인 자세로 그의 사상을 해석하려 한 대학원생들에게는 그와 같은 대우를 받지 못했다. 본질적으로 열려 있으며 체계화를 거부하는 그의 철학은 열광적인 추종자에 의해 부분적으로 쉽게 차용되었으며, 또 변형되었다"S. Guerlac, 2006, p.10.

프랑스를 포함한 유럽 전역에서 베르그송의 초기 철학사상이 베르그송주의라 불리며 널리 퍼져나갔다. 하지만 이것은 베르그송 자신의 철학과 직접적인 연관이 없는 것이었고, 오히려 동시대의 학문에 대한 정확한 이해를 방해하는 것이었다. 왜냐하면 베르그송주의자들은 —그들이 자유 가톨릭 사상가였든 공산주의적 사회주의자들이었든— 베르그송의 철학을 마치 이성의 파괴를 주장하는 반지성주의Antiintellektualismus나 반주지주의Antirationalismus인 것처럼 잘못 이해하고 선전하였기 때문이다. 그 대표적 인물에는 사무엘 알렉산더Samuel Alexander와 로이드 모건C. Lloyd Morgan같이 물질주의적 발생 진화론자materialist emergentism들이 있었다. 이들은 베르그송의 철학사상을 자신들과 같은 반지성주의자요 반주지주의자라고 확신하여, 그를 자신들의 기수요 모범으로 여겼었다.

그러나 다른 한편에는, 바티칸이 베르그송의 철학사상을 범신론적 신비주의로 규정하고 저서들을 금서목록에 넣도록 원인을 제공한 사람들이 있다. 바로 프랑스 제3공화국의 교수와 교사가 대부분 속했던 자유사상가, 신-가톨릭주의자가 그들이다. 그들은 베르그송의 철학사상을 자신들의 영성주의 spiritualism와 같은 것으로 간주하였다. 하지만 베르그송의 철학사상을 자신의 그것과 같다고 본 헨리 휴드1990, II, p.142에 의하면 베르그송의 사상을 범신론적 신비주의로 보는 것은 잘못이다. 휴드는 오히려 베르그송의 사상이 그리스도교적 신비주의와 훨씬 더 가깝다고 보고, 베르그송이 그의 마지막 저서 『종교와 도덕의 두 원천』 마지막 부분에서 논하고 있는 '신비적 체험'의 문제야말로 그의 전체철학을 아우르는 내적인 원리라고 단언한다. 물론 이에 대한 다른 주석가들의 반론도 있다.

그런데 위와 같이 베르그송의 철학사상에 대한 비학문적인 평가와 추종과는 달리 학문적으로 베르그송 철학의 영향을 받은 사상가들도 있다. 그 대표적인 사상가 중 하나가 영국의 수학자, 물리학자, 철학자, 신학자였던 앨프리드 화이트헤드 Alfred North Whitehead이다. 화이트헤드는 『과정과 실재Process and

*Reality*』(1929)에서 베르그송의 철학이 자신의 과정철학philosophy of process에 영향을 끼쳤음을 밝혔다. 화이트헤드의 과정철학을 살펴보면 대략 다음과 같다.

화이트헤드는 20세기 영국에서 가장 방대한 학문적 영역을 구축한 사람으로 평가된다. 또한 그는 자연과학을 통해 형이상학을 구축한 유일한 사람이라 불린다. 그는 수학자로 출발하여 자연과학, 그리고 철학과 신학으로 자신의 학문 관심을 확장해갔으며, 수학 교수, 물리학 교수, 형이상학 교수, 신학 교수가 된 특이한 경력의 소유자이다. 그러나 그의 과정철학이 베르그송의 영향을 받았다고 해서 그가 베르그송처럼 실증적 지식에 대해 부정적인 태도를 보이는 것은 아니다. 그는 경험적 자료와 수학적 이론에 기초한 현대물리학을 높이 평가한다. 따라서 그는 철학도 물리학처럼 추상적인 지식이기 때문에 과학적인 추상작용 없이 철학의 지식은 성립할 수 없다고 본다. 다만 철학의 대상이 자연과학의 대상과 꼭 같은 것은 아니라고 한다. 철학은 우주 전체를 문제 삼는 거시적 지식이며 우주에 관한 미시적 지식을 추구하는 자연과학과는 다르다는 것이다. 그러므로 화이트헤드는 철학의 중요한 기능은 자연과학의 미시적인 지식을 거시화巨視化시키는 것이며 유기화有機化하는 것이라고 본다. 이런 점에서 화이트헤드의 과정철학은 베르그송의 철학과 닮은꼴이다.

화이트헤드에 의하면 자연과학은 미시적인 것에 대해 미시적 접근을 하는 것이므로 지적 편협성이 생기게 된다. 즉, 추상적인 자기 도식에 맞지 않는 모든 구체적인 것을 제외해 버린다. 그래서 화이트헤드는 만약 철학의 거시화하고 유기화하는 기능을 러셀과 마찬가지로 포기해버리면, 자연과학은 물론 철학적 지식 자체도 잘못 놓인 구체성의 오류fallac of misplaced concreteness에 빠지게 된다고 보았다. 그러므로 이것을 바로잡는 역할은 철학이 해주어야 한다는 것이다.

화이트헤드에게 자연이란 베르그송이 그랬던 것처럼 창조성의 세계이다. 하지만 그것은 미적 질서esthetic order와 합리적 질서rational order를 가지고 있으며, 규정된 방향으로 움직이고 있다고determinated moving 보는 점에서 베르그송과는 다르다. 하지만 화이트헤드는 베르그송과 마찬가지로 어느 경우에도 자연은 실체가 아니라고 본다. 그런데 그 이유는 다르다. 화이트헤드는 현대물리학의 자연개념이 이를 용납하지 않기 때문이라고 한다.

화이트헤드는 변화하고 생성하는 자연을 사건의 집합a set of events이라고 불렀다. 우주universe란 하나의 거대한 사건의 집합이라는 것이다. 또한 그는 바로 이런 이유에서 자연과학이 이 거대한 사건의 집합을 부정하지 않는 한에서 자연과학의 미시적인 탐구와 지식이 정당하다고 말한다. 그런데 이 사건으로서의 자연은, 경험의 기회vocation of experience, 출현出現, emergence, 공동성장共生, concrescence (또는 합생) 세 가지 의미를 가진다고 말한다. 첫째, 경험의 기회로서 사건의 집합인 자연은 그 자체는 아무 의미가 없고 인간에 의해 경험될 때만 의미를 지니게 되며, 그것은 전개 또는 과정process의 의미를 지닌다는 것을 의미한다. 둘째, 자연은 과정이므로 부단히 새로운 사건이 드러나기 시작하며, 각 사건은 응집력을 지니고 나타난다. 그래서 사건의 출현이란 상호 연계적 체계coherent system라는 의미를 지닌다. 셋째, 공동성장이란 하나의 사건이 다른 사건으로 새롭게 변화하는데 이 변화 자체가 새로운 자연 공동체 성장을 도와주게 된다는 의미이다.

예를 들자면, 양분 흡수는 세포 증진이라는 다른 사건으로 변화하는데, 이것이 유기체 전체의 성장을 돕게 된다. 이렇게 볼 때, 이 우주에는 독립적으로 존재할 수 있는 물질적 실체corporal substance가 존재할 수 없다. 이 우주는 과정과 사건의 집합이다. 한 예로 빛은 입자로서의 모습과 파동으로서의 성질 두 가지를 모두 지니고 있다. 즉, 그것은 두 가지 다른 사건의 집합이다. 따라서 빛을 실체로 보면 이 모순은 이해될 수 없다.

또한 화이트헤드에 의하면 인간의 의식도 사건이다. 의식은 의식 자신의 과정이며 하나의 사건으로 이해될 수 있을 뿐이다. 그래서 화이트헤드는 사건을 의식적 사건과 무의식적 사건으로 나누었다. 그런데 화이트헤드의 사건이라는 개념은 얼핏 보기에 라이프니츠Leibniz의 단자單子, monad와 유사해 보인다. 라이프니츠도 각각의 단자는 전 우주를 반영하고 있다고 했으며, 물질의 세계를 구성하는 물질적 단자와 정신세계를 구성하는 정신적 단자로 나누었기 때문이다. 하지만 화이트헤드는 정신적 사건과 물질적 사건의 개념이 라이프니츠의 물질적 단자와 정신적 단자 사이처럼 엄격히 구분되는 것이 아니라고 했다. 사건의 집합은 부품의 조합이나 묶음 같은 것이 아니라 유기체적organistic이라는 것이다. 그러므로 물질적 사건과 정신적 사건을 너무 엄격히 구분하면 전통적인 유물론, 유신론의 오류에 빠지게 된다고 했다. 그런데 이 점은 "생명의 근원l'origine de al vie은 의식la conscience이며, 창조의 욕구 exigence de création"HBO, p.716; EC, pp.261-262이고, "오직 인간에게서만 자기를 해방한다"HBO, p.719; EC, pp.264-265고 보는 베르그송의 견해와 매우 닮았다. 그리고 전체적으로도 전 우주를 유기체적 묶음으로 이해하는 화이트헤드의 유기체 철학organism은 베르그송의 그것과 매우 닮았다.

결국 화이트헤드는 사건의 유기체론organism에 의해 보이는 물리적인 무의식의 세계와 보이지 않는 정신적이고 의식적인 세계 모두를 아우르는 우주론적인 차원에서의 초-주체Super-ject를 상정하고 이를 그리스도교에서 말하는 신神이라고 봄으로써 신학의 길로 나아간다.

화이트헤드는 사건을 우주의 주체subject로 보고 전체의 우주를 이 주체의 집합이자 '초-주체'인 신이라고 보았다. 그리고 '초-주체'로서의 '신'은 우주가 집합들의 통일된 집합the unique set of sets이 될 수 있도록 하는 원리라고 하였다. 신은 우주적인 사건의 한복판에, 과정의 한복판에 모든 사건의 궁극적인 한계로서 존재한다. 그러므로 신은 사건들의 공동 출현con-emergence과 공동 성장에 관여한다. 다시 말해, 공동출현을 가능케 하는 기초이며, 공동성장을 통해 우주의 유기체적 조화를 가능케 하는 기초이다.

그런데 이러한 신은 전통적 인과율에 의한 증명의 대상이 아니다. 신의 본성에 관해 합리적인 설명은 불가능하다. 오히려 신은 모든 합리성, 과학성의 기초가 된다. 신은 또한 직접 직관의 대상도 아니며, 신의 추상적인 속성들에 대한 기존의 신학적인 설명은 무의미하다. 신은 적극적이고 창조적인 우주적 사건의 중심이며, 파괴적의 사건으로서의 악惡과 대립한다. 따라서 화이트헤드의 입장에서 보면, 신을 따른다는 것은 악(의 사건들)과 싸운다는 의미이다. 그러므로 과학도 좀 더 나은 우주의 진행으로 우리의 노력을 집중시켜야 하며, 과학자도 적극적 창조적 사건에 참여해 파괴로서의 악과 싸워야 한다고 주장한다. 이렇게 볼 때, 화이트헤드의 신학적 논의도 신적 존재를 창조적 우주의 '생명이 용솟음치는 중심'으로 바라보는 베르그송의 그것과 많이 닮았다고 말할 수 있다.

그러나 화이트헤드와 함께 『수학대전Principia Mathematica』을 공동으로 집필하였으며, 언어철학자 및 철학사가로도 유명한 러셀Bertrand Russell은 베르그송의 철학에 크게 매혹되지 않았다. 러셀은 베르그송의 문체와 논술방식이 설득력 있고 열정을 유발하는 고찰임은 인정하였으나, 이성적이고 철학적인 성찰을 보여주는 가치 있는 것이라고는 전혀 생각지 않았다.

한편 인식론자이며 미학자인 가스통 바슐라르Gaston Bachelard는 『과학적 정신의 구성 *The Formation of the Scientific Mind*』(1938)의 마지막 부분에서 베르그송의 철학에 대해 언급하고 있다. 또한 베르그송으로부터 영향을 받은 철학자 중 한 사람은 블라디미르 장켈레비치Vladimir Jankélévitch이다. 그는 1931년 베르그송에 대한 책을 썼다.

그 밖에 그의 영향을 받은 사람 가운데 특이한 사람은 테야르 드 샤르댕Pierre Teilhard de Chardin이다. 테야르는 예수회 신부였으며, 동시에 고생물학자 겸 고인류학자였다. 그는 북경원인을 발굴한 당사자이며, 자바원인을 발견할 당시 탐사단의 단장이었다. 창조주에 의한 우주의 창조를 믿는 가톨릭 사제이며 동시에 진화의 과정을 밝히는 고생물학자, 고인류학자였다는 것은 매우 특이하게 보인다. 그는 자신을 철학자도, 그렇다고 신학자로도 정의하지 않았다. 다만 과거 그리스의 철학자들이 말하는 의미에 있어 '현상의 연구가', 곧 자연철학자라고 정의하였다.

그러나 그의 독특한 학문연구는 사제로서 그의 삶에 커다란 시련을 안겼다. 창조론과 진화론의 첨예한 대립에서 창조론 진영의 선두주자여야 할 그가 진화론 신봉자라는 사실이 불편했던 바티칸은, 그에게 사제직을 유지하려면 그의 학문적 성과를 포기하라고 강요했기 때문이다. 그는 처음에는 신학생 교육자격을 박탈당했고, 다음에는 철학 교수 자격을, 마지막에는 아예 어떤 종류의 글도 언론에 발표해서는 안 된다는 명령을 받았다. 하지만 그는 이 명령에 가톨릭 사제로서 순종하였다. 그러면서도 그는 자신의 진화론적 생각과 그리스도교의 창조론이 결코 이율배반이라 생각하지 않았다. 이 지점에서 그의 사상은 베르그송의 '창조적 진화' 사상과 맞닥뜨리게 된다.

테야르의 중심 관심도 '생명'이었다. 또한 그도 베르그송처럼 개인적이고 실존적인 차원의 '생명'이 아니라, '우주 전체의 공통적 생명'에 관심을 기울였다. 테야르에 의하면 생명체는 죽음과 동시에 사라지는 물질적 요소soma와, 소멸하거나 단절되지 않고 동일성을 지속하는 씨앗germen으로 이루어져 있다. 생명은 어느 사건을 계기로 물질로부터 비약élan하였다. 즉, 생명의 씨앗이 발아한 것이다. 그리고 그 생명으로부터 정신의 씨앗이 비약하였다는 것이다. 그러므로 정신도 생명과 마찬가지로 물질에 기원을 두고 있다. 즉, 모든 생명체와 정신은 '진화되도록 창조되었다'는 것이다. 그러므로 테야르의 진화론도 자연 발생적 진화론이 아니라 베르그송의 그것과 같이 창조적 진화론이고 비약을 통한 전혀 새로운 종으로의 진화론이다.

테야르에 의하면 물질계로부터 생명계bilsphère로, 생명계에서 의식계noussphère로 비약한 씨앗은 하나의 공통된 씨앗으로 집중(수렴, 통일)되어 간다. 그것이 바로 우주의 진화이다. 그러므로 이 우주에서 물질의 구조는 단순에서 복잡으로, 정신의 구조는 단순에서 완전하게 진화해가고 통일되어 간다. 그리고 진화는 결국 정신의 구조를 가진 인간으로 향한다. 인간은 모든 사물의 열쇠이고 최후의 조화이다. 인간 속에 이 우주의 모든 것이 비로소 모습을 드러내게 된다. 인간의 씨앗도 우주의 최초부터 우주 안에 산재해 있다가 어떤 사건을 계기로 등장하게 된 것이다. 그리고 인간에게는 공통된 씨앗L'HOMME이 있다. 이 공통된 씨앗은 모든 인류를 하나로 뭉치게 하는 원리이다. 그가 곧 예수 그리스도라는 것이다. 테야르에 의하면 예수는 우주 진화의 궁극점point image, Ω-point이다.

그런데 테야르는 이 모든 진화의 과정이 두 개의 법칙을 가지고 있다고 한다. 하나는 복합성-의식의 법칙Loi de compléxité-conscience이고 다른 하나는 복합성에서 통일에 이르는 법칙Loi de la compléxité à l'unité이다. 파스칼Blaise Pascal에 의하면 인간은 무한히 큰 우주와 무한히 작은 우주 사이에 놓여 있는 존재이다. 즉, 이 우주에는 무한히 크고 무한히 작은 두 개의 우주가 있다는 것이다. 그런데 테야르는 여기에 무한히 복잡한 우주, 또는 무한히 복잡해져 가는 우주cosmos complexe의 개념을 하나 더 첨가했다. 그리고 이 복잡해져 가는 우주는 산만해지거나 산개散開하는 것이 아니라 하나의 궁극점으로 수렴, 통일되어 간다는 것이다. 그것이 바로 복합성에서 통일에 이르는 법칙이다.

그럼 통일에 이르게 하는 힘은 무엇인가? 무엇이 생명의 우주 전체를 하나의 점으로 수렴시키는가?

테야르에 의하면 그것은 사랑이다. 사제로서 테야르는 생명의 비약으로 가득 찬 우주가 예수 그리스도라는 궁극점을 향해 비약해 간다고 보았고, 그 힘은 곧 사랑이라고 보았다. 이러한 테야르의 사상은 역시 베르그송 철학의 영향을 받았으며, 그리스도교 신학으로 최종적 관심을 돌렸던 화이트헤드의 철학사상과 매우 닮아 있다. 비록 한 사람은 프로테스탄트에 속하는 신학자로 생을 마감했고, 다른 한 사람은 압제를 받으면서도 끝까지 옷을 벗기를 거부했던 로만-가톨릭의 사제였지만 말이다. 그리고 바로 이 점에서 테야르의 사상은 ―비록 테야르가 평생 한 번도 베르그송을 만난 적은 없었으나― 베르그송 철학사상의 영향권 안에 들어 있다고 평가되는 이유이다.

그러나 베르그송의 철학으로부터 이렇게 긍정적인 영향을 받은 철학자만 있었던 것은 아니다. 20세기 초반부터 직관론intuitionism, 비규정주의indeterminism, 심리학주의psychologism와 충동에 대한 베르그송의 철학적 해석에 대해 비판이 쏟아졌다. 그들은 저서는 물론이고 편지 속에서도 베르그송에 대해 비판적인 생각을 언급하였다.

여기에는 앞에서 언급한 버트런드 러셀, 조지 산타야나George Santayana, 무어G. E. Moore, 비트겐슈타인Ludwig Wittgenstein, 하이데거, 쥘리앵 방다Julien Benda, 엘리엇T. S. Eliot, 윈덤 루이스Wyndham Lewis, 베르그송의 사망 직후 프랑스 학술원에서 그에 대해 추모강연을 하였던 폴 발레리Paul Valéry, 앙드레 지드André Gide, 장 피아제Jean Piaget, 아도르노Theodor W. Adorno, 루치오 콜레티Lucio Colletti, 사르트르Jean-Paul Sartre, 조르주 폴리처Georges Politzer, 모리스 블랑쇼Maurice Blanchot 등 유럽의 수많은 철학자와 문학가가 있다.

또한, 미국의 철학자들, 어빙 배빗Irving Babbitt, 아서 러브조이Arthur Lovejoy, 조시아 로이스Josiah Royce, 신 실재론자들인 랠프 B. 페리Ralph B. Perry, 홀트E. B. Holt, 윌리엄 몬터규William Pepperell Montague, 비판적 실재론자인 듀란트 드레이크Durant Drake, 셀라스Roy W. Sellars, 스트롱C. A. Strong, 로저스A. K. Rogers와 칸바일러Daniel-Henry Kahnweiler, 로저 프라이Roger Fry의 편지들, 줄리안 헉슬리의 저서『진화: 현대적 종합』과 버지니아 울프의 작품Ann Banfield, The Phantom Table까지 모두 이에 포함된다.

3) 사후 베르그송 철학의 영향

제2차 세계대전 이후 베르그송은 일반인에게는 완전히 잊힌 철학자였다. 그는 오랫동안 철학사가 사이에서도 연구할 가치가 사라진 철학자였을 뿐이었다. 그러나 그의 수준 높고 고귀한 사상은 결코 사라지지 않았다. 질 들뢰즈Gilles Deleuze가 편집하여 간행한 『베르그송 탄생 100주년 기념총서』(HBO, 1964)와 그의 새로운 해석이 들어 있는 『베르그송주의Le bergsonisme』(1966)는 전 세계적으로 베르그송 철학의 르네상스를 도래하게 하였다.

이 점에 대하여 수잔 겔락은 다음과 같이 언급하고 있다. "오늘날 베르그송의 철학에 대한 학문적 관심이 다시 크게 확산한 데에는 질 들뢰즈의 베르그송에 대한 새로운 이해에서 기인하는 바가 매우 크다. 들뢰즈가 단지 베르그송에 대한 책을 썼기 때문이 아니다. 들뢰즈가 직접 언급하지는 않았지만, 들뢰즈의 철학사상이 깊이 베르그송의 그것에 연관 지어져 있기 때문이다"S. Guerlac, 2006, p.175.

로울러Leonard Lawlor와 무라드Valentine Moulard도 이러한 겔락의 견해에 동조한다. '베르그송주의의 부활은 전적으로 돌뢰

즈로부터 기인한 것이다. … 베르그송의 다양성 개념은 바로 들뢰즈 철학의 핵심이며, 베르그송의 '지속'은 바로 들뢰즈 철학에서 '생성becomings' 개념의 모델이다. … 들뢰즈에게 영향을 미친 또 다른 베르그송의 철학은 무엇보다 『창조적 진화』에서 베르그송이 보인 헤겔의 변증법에 대한 부정이다'cf. L. Lawlor and V. Moulard, 'The revitalization of Bergsonism', Stanford Encyclopedia of Philosophy, 2012.

또한 베르그송의 철학에 영향을 받은 다른 중요한 철학자는 현상학자인 모리스 메를로-퐁티Maurice Merleau-Ponty가 있다. 파리고등사범학교의 후배인 메를로-퐁티는 사르트르 및 보부아르Simone de Beauvoir와 동기였으며, 인격주의철학자로 알려진 에마뉘엘 무니에Emmanuel Mounier와도 동창이었다. 메를로-퐁티가 제2차 세계대전 중 독일과 전투 중인 참호 속에서 독일 철학자이자 현상학의 창시자인 후설의 책을 번역한 것은 매우 유명한 일화이다. 그는 전쟁 후 이 번역본을 사르트르에게 보여주었고 사르트르는 이에 자극받아 그의 대표적인 저서 『존재와 무: 현상학적 존재론의 시론l'Etre et le Néant: Essai d'ontologie phénoménologique』(1943)을 저술했다고 알려져 있다.

일반적으로 메를로-퐁티의 지각현상학을 후설의 현상학 이론의 영향 아래에서 만들어진 작품으로 보지만 그의 우리의 '살chair'에 직접 주어진 의식 이전 단계의 지각 문제는 베르그송 철학의 영향이 있는 것으로 파악되고 있다. 그는 콜레주드 프랑스에서 베르그송의 자리를 이었다. 앞에서 언급한 것처럼 그 지위는 베르그송의 제자이며 수학자였던 르루아에게 이어졌는데, 그것이 메를로-퐁티에게로 이어졌다. 또한 베르그송에 대해 짧지만 중요한 논문 「베르그송 철학에서의 생성에 관하여」에는 베르그송 철학의 가치에 대한 그의 견해가 잘 드러나 있다.

그뿐만 아니라, 레비나스Emmanuel Lévinas도 베르그송의 철학에 영향을 받은 것으로 알려졌다. 그리스의 유명한 문학가 니콜라스 카잔스키Nikos Kazantzaki는 파리에 유학하면서 베르그송 밑에서 공부했으며, 그의 저술과 사상은 근본적으로 베르그송 철학의 영향 아래에 있는 것으로 평가된다.

베르그송은 생성과 흐름, 창조로서의 삶과 생명을 중시하고, 개념의 굳은 틀에 의해 이해하려는 철학을 경계하기에 결정론적 사고, 기계론, 목적론, 체계의 철학에 강력하게 반대하고 있다. 하지만 많은 베르그송 연구가는 그의 우주론, 창조적 진화론이 목적론적 사고에 더 가깝다고 보고 있다.

베르그송 자신도 자신의 철학이 넓은 의미에서 목적론이라고 부를 수 있다고 한다. 생명이 도약하는 도약대의 끝에서 다른 동물은 넘어야 할 줄이 너무 높고 팽팽하다며 이를 포기하였으나 오직 인간만이 이 장애물을 뛰어넘었다. 그러므로 인간을 진화의 끝이며 목적이라고 말할 수 있는 이유다HBO, p.720; EC, p.265.

또한, 어떤 이는 체계를 거부하는 베르그송의 철학도 어떤 면에서 하나의 체계를 구성하고 있는 것이 아닌가 반문하기도 한다. 베르그송의 철학 전반을 연대순으로 살펴보면 직관을 통하여 '자아란 무엇인가'라고 묻는 우리 의식 내면세계의 고찰을 신체와의 관계에 대한 연구로 확장하고, 이를 다시 생명을 가진 유기체 전체의 몸이라 할 수 있는 우주적인 차원으로 확대할 뿐만 아니라, 이것을 인간 전체의 문제와 연관 짓는 일관성을 보이고 있다고 말할 수 있기 때문이다.

하지만 일목요연하게 정리된 것처럼 보이는 사상의 표현은 결코 체계와 도식을 세워 그 안에 전 우주를 몰아넣으려는 것이 아니다. 오히려 부단히 창조, 생성, 변화하고 있는 이 우주는 어떤 철학자가 세우는 형이상학적 체계에 결코 속할 수 없다는 것을 밝히려 한다. 그러므로 베르그송이 『종교와 도덕의 두 원천』에서 보여주는 두 원천의 구분 도식은 사실상 그의 의식 내부에 이미 들어 있었던 도식에 경험적인 사실을 끌어들여 맞춘 것일 뿐이라는 커플스톤의 평가는 지나치다

F.Copleston, *A History of Philosophy IX*, New York: 1974, p.180.

베르그송의 전기에 관한 것은 프레데릭 보름스Frédéric Worms의 것이 있다. 그의 노력으로 베르그송에 관한 여러 기록과 베르그송이 남긴 광범위한 기록과 자료가 비판적인 입장에서 정리된 것이 『베르그송의 물질과 기억에 관한 해설*Suive d'une breve introduction aux autres livres de Bergson*』(1998)이다.

베르그송의 새로운 생명주의 철학은 그 어떤 다른 철학자와 비교할 수 없을 정도로 생명의 문제에 관심을 많이 가졌고 21세기에도 강한 생명력으로 영향을 미치고 있다. 그래서 들뢰즈가 베르그송의 이러한 '다른 철학Philosophie der Differenz'에 대해 '새로운 생명주의neues Vitalismus'를 가져다주었다고 평가한 것은 현재에도 매우 유효하다.

# 2

# 베르그송의 철학사상

# 1
## 전통 형이상학과 베르그송의 형이상학

베르그송의 저술을 순서대로 정리한다면 『형이상학 입문』은 『시간과 자유의지』라고도 불리는 『의식에 직접 주어진 것에 관하여』와 『물질과 기억』보다 뒤에 쓰인 것이다. 하지만 베르그송의 철학을 지속과 직관, 생명과 창조의 철학이라고 볼때, 베르그송이 이 책에서 밝히고 있는 자기 철학의 특징을 먼저 살펴보는 것이 그의 철학을 총체적으로 이해하는 데 큰 도움이 된다. 그러므로 우리는 먼저 전통 형이상학과 베르그송이 말하는 형이상학의 차이가 무엇인지에 대해 먼저 알아보기로 한다.

독일의 철학사가인 노아크Noack는 형이상학의 부활을 인간학적 전환, 분석적 경향과 더불어 20세기 철학의 특징 세 가지중 하나로 꼽은 바 있다. 하지만 그가 말한 형이상학의 부활이라는 의미는 전통의 형이상학이 그대로 되살아났다는 의미가 아니다. 그것은 오히려 전통 형이상학에 대한 새로운 해석,

또는 새로운 형이상학의 대두를 의미한다고 말할 수 있다. 전자의 대표적 철학자로는 하이데거를 들 수 있다.

하이데거는 전통 형이상학이 존재Sein와 존재자Seiende, 존재적인 것Ons과 존재론적인 것Ontos을 구분하지 못했다고 비판하면서, 존재에 대한 접근은 오직 언어를 통해 존재에 대해 질문을 던지는 존재자인 인간 실존Existenz을 통해서만 가능하다고 주장하였다.

후자의 대표적 철학자는 베르그송이다. 베르그송은 전통 형이상학의 중심 문제였던 존재être의 문제를 생성devenir의 문제로 바꾸었다. 즉, 베르그송은 존재가 아니라 생성이 무엇인가를 묻고 이를 직관intuition을 통해 파악하려고 하였다.

사실 서양 철학사는 존재의 문제에 대한 다양한 견해의 역사라고 말할 수 있다. 서양철학의 시작이라고 할 수 있는 그리스의 자연철학자들이 던진 질문이 바로 존재하는 사물의 본성이 무엇인가 하는 것이었고, 파르메니데스는 이러한 질문에 대해 존재ens(또는 유有)라고 대답하였다. 그리고 파르메니데스는 존재의 단일성, 분할 불가능성, 불변성을 주장하였다. 이는 사물의 변화를 통찰하여 존재의 복수성複數性과 생성을 주장한 헤라클레이토스의 만물유전설萬物流轉說과 반대의 입장에 서는 것이었다. 그런데 이 대립하는 존재와 생성의 문제가 바로 서양철학에서 형이상학이라는 학문분야를 연 셈이 되었다. 상반되는 두 견해 사이의 절충안은 플라톤Platon이 제시하였고 그것에 대한 반대가 바로 플라톤의 제자인 아리스토텔레스에 의해서 제시되었기 때문이다.

플라톤은 영원, 불멸, 불면, 완전의 이데아Idea 세계와 생성, 변화, 불완전의 현상계現象界로 이분함으로써 파르메니데스와 헤라클레이토스의 대립을 극복하려고 하였다. 그러나 이러한 영원불멸의 이데아와 이를 모방 또는 모사한 현상계의 구분은, 실제로 볼 수 있고 변화하고 있는 현실유existentia(또는 실재)에 대해 충분히 해명해 주지 못했다. 그래서 그의 제자 아리스토텔레스는 불변하는 이데아가 현실 밖에 따로 존재하는 것이 아니라 바로 자연 속에 내재한다고 보아, 사물의 형상Form은 질료Matter와 더불어 있다고 설명하였다. 즉, 사물의 실재 안에 존재와 그 본질essentia이 들어 있다고 봄으로써 이데아와 현상계의 이분법을 극복하려고 하였다.

이러한 그의 생각은 이슬람 철학자들에 의해 단편적으로 알려져 오다 중세시대에 토마스 아퀴나스Thomas Aquinas의 스승인 알베르투스 마그누스Albertus Magnus에 의해 —아리스토텔레스의 원문이 라틴어로 번역됨으로써— 유럽에 알려지게 되었다. 그러므로 '형이상학'이라는 이름이 생겨난 것은 아리스토텔레스의 글이 발견되었을 때 '물리적 세계에 관한 저술physika' '다음에meta' 놓여 있어서 '물리적 세계에 대한 논문 다음의 논문meta-physika'이라는 제목을 가지게 되었다. 그러다가 그것이 '물리적 세계의 본질' 또는 '물리적 세계를 초월한 것'에 대한 학문이라는 의미로서의 '형이상학形而上學, Metaphysik'이라는 이름이 붙여졌다.

아리스토텔레스의 존재에 대한 생각은 토마스 아퀴나스에 의해 정리되어 제1학문의 위치를 확립하였다. 그러나 근대에 이르러서 볼프Wolff에 의해 존재에 대한 학문은 본질에 대해 탐구하는 학문으로 변화하기도 하였고, 20세기에 이르러서는 하이데거에 의해 비판받기도 하였다. '서양 철학사는 존재자와 존재의 구분을 하지 못한 존재의 망각의 역사'라고 하였다 M.Heidegger, 최동희 옮김, 『형이상학이란 무엇인가』, 서문당, 1975, pp.18-24. 하지만 서양철학의 흐름에서 그것은 존재에 대한 학문, 즉 존재론存在論과 같은 의미로 한결같이 사용되어왔다.

그런데 베르그송의 입장에서 보면 이러한 형이상학의 발전, 변화, 문제점은 중요한 것이 아니다. 그것이 어떻게 변화하든 그것은 존재에 대한 탐구일 뿐, 결코 생성에 대한 탐구가 아니기 때문이다. 베르그송에 의하면 "전통철학에 내재하는 여러 가지 난점, 이율배반, 모순, 적대하는 학파 간의 분열, 체계와 체계의 타협 불가능한 대립은 실제적 유용성에 알맞은 방법을 실제와 무관한 인식에 적용한 결과이다"HBO, p.1424; IM, p.217.

그리고 이러한 잘못이 생기는 까닭은 우리의 정신이 변화를 불변하는 것의 표현이나 전개로 아주 자연스럽게 간주해버린다는 데에 있다. "사유라는 것은 보통은 개념에서 사물로 가는 것이지, 사물에서 개념으로 오는 것이 아니다. 실제를 안다connâtre고 하는 단어는 일반적으로 실재와의 실용적인 등가를 손에 넣을 때까지 기성의 개념들을 취하고 조합하여 전체를 구성한다는 의미이다"HBO, pp.1401-1402, IM, p.198. 그래서 우리가 찾고 있는 것은 알고자 하는 대상의 어디까지가 이미 알려진 것의 어느 종류에 속하는가, 우리의 어떤 행동이나 태도를 요구하는가를 구분하고 분류하는 방법이다. 그러므로 모든 인식은 방향이 이미 주어져 있거나 고정된 관점을 취하고 있다HBO, p.1410; IM, p.199.

그렇지만 우리는 사유가 가지고 있는 이러한 작용에 얽매이지 않으면 우리의 의식에 직접 주어진 것과 맞닥뜨릴 수 있다. "그것은 운동성mobilité이다. 실재하는 것은 고정불변의 사물이 아니라 생성이며, 변화이다"HBO, p.1420, IM, p.211. 그러므로 이러한 운동성을 파악하기 위해서 전통 형이상학이 사용하는 연역-귀납의 방법, 분석-종합의 방법에 의존할 수가 없다. 그것은 고정된 관점으로 생성을 파악하려는 것이기 때문이다.

그래서 베르그송은 생성의 문제에 대해 누구보다도 앞서 관심을 기울였으며, 자신의 철학에서 첫 스승이라고 할 수 있는 헤라클레이토스에게도 비판을 가한다. 헤라클레이토스가 사물의 생성과 변화를 파악한 것은 훌륭하지만, 이것은 고정된 관점으로 생성과 변화를 파악한 것일 뿐, 운동성 자체를 파악하지는 못했다는 것이다HBO, p.1420; IM, p.212.

그럼 고정된 관점, 즉 분석-종합의 방법이 아니라 생성과 변화, 즉 운동성을 운동성으로 파악할 수 있는 방법은 무엇인가?

베르그송은 그것을 직관이라고 보았다. "분석은 부동不動한 것만을 취급하지만, 직관은 운동성, 바꾸어 말하면 지속durée에 들어가는 것을 의미한다"HBO, p.1412; IM, p.204. 그러므로 생성과 운동성, 곧 지속을 파악하려는 형이상학은 연역과 귀납, 분석과 종합을 통해서가 아니라 직관에 의해 이루어져야 한다는 것이다. 그래서 베르그송은 "어떤 실재를 상대적으로 인지하는 것이 아니라 절대적으로 파악하고, 파악한 것에 대해 여러 가지 관점을 동원하여 분석하는 것이 아니라, 직관하는 방법이 있다면 형이상학이 바로 그것"HBO, p.1420, IM, p.212이라고 한다. 여기에서 베르그송은 전통의 형이상학과는 다른, 새로운 형이상학을 제시하고 있다. 즉, 표현, 번역, 기호적인 표상에 의존해 사물의 실재를 파악하는 것이 아니라, 자신이 말하는 형이상학은 "기호가 필요하지 않은 학문"HBO, p.1396; IM, p.182이라 하였다.

물론 참으로 실재하는 것, 또는 실제로 있는 것이 무엇인가에 대해 생각하고 답하려고 한다는 점에 있어서 베르그송의 형이상학도 전통의 형이상학과 다를 바가 없다. 하지만 근본적인 차이는 참으로 있는 것이 불변하는 것으로서의 존재가 아니라 생성, 변화하는 운동, 곧 지속이라고 보는 점과, 그것을 파악하는 방법을 직관이라고 보는 데 있다. 형이상학의 참된 본분은 운동과 지속으로서의 참된 실재를 직관하는 것에 있다는 것이다. 그래서 베르그송은 "일종의 정신적 청진auscultation spiritelle을 가지고 생명의 약동을 파악하려는 것이 참된 경험주의이며, 이것이야말로 참된 형이상학"HBO, p.1408; IM, p.196 이라고 했다.

그러나 우리에게 이런 의문이 생겨난다. 개념에 의한 추론 방법, 즉 분석-종합의 방법을 거부하고 직관의 방법을 중시하는 것이 개념을 사용하고 분석과 종합을 통해 이루어지는 과학과 과학적 탐구를 중요시하는 경험론적 입장에 서 있는 철학을 거부하는 것이 된다는 의미일 텐데, 왜 베르그송은 자신의 철학을 참다운 경험주의라고 부르는 것인가?

# 2
## 과학과 철학

베르그송은 철학을 과학과 같이 개념과 분석을 사용하여 종합에 이르는 학문으로 생각하는 것에 반대한다. "어떤 의미에서는 과학을 비판하고 일반화하는 사람을 철학자라고 부를 수도 있고, 각각의 과학이 그런 철학을 가지고 있거나, 혹은 갖지 않으면 안 된다는 것을 나도 인정한다. 그러나 이런 의미의 철학은 역시 과학에 속하며, 이런 철학을 조립하는 사람 역시 과학자이다"HBO, p.1360; IP, p.135.

그렇다고 해서 베르그송이 분석과 개념을 활용하는 과학적이고 지성적인 방법을 경시하는 것은 절대 아니다. 과학이 우리의 습관적 사고방식과 일상적인 생활에 유용하다는 점은 당연히 인정한다. 다만 "과학은 행동을 돕는 도구이다. 행동은 결과를 목적으로 한다. 과학적 지성은 목적한 결과가 얻어지려면 무엇이 행하여져야 하는가를 묻는다. 즉, 한 현상이 발생하기 위해 어떤 조건이 충족되어야 하는가를 묻는다. 과학은 사물 하나의 배열에서 새로운 다른 배열로 움직이는 것이며, 동시성에서 동시성으로 향한다. … 과학은 완전히 일어난 일에 대해 파악하는 방법이므로 일어나고 있고 움직이고 있는 사물의 생명인 생성을 파악할 수는 없다"HBO, p.1362; IP, p.138.

그러므로 철학의 역할과 철학자의 역할을 과학에 바탕을 두고 과학을 종합하는 것으로 간주하는 것은 철학과 과학 모두에게 잘못된 일이다. "실제로 철학은 특수과학의 종합이 아니며, 어떤 경우에는 과학의 영역보다 스스로 위에 올려놓고 과학이 다루는 대상을 과학보다 단순한 견해를 가지고 이해하기도 하지만, 그것은 과학을 강화하는 것도 아니고, 과학의 성과를 더 높은 일반성으로 끌어올리는 것도 아니다"HBO, p.1361; IP, p.137. 따라서 베르그송에 의하면 철학과 과학은 서로 전혀 다른 경험의 형식에 속한다.

사실과 병합해서 나타나고, 대개 반복적이며, 계량 가능하고 마침내는 명확히 구분되는 다양성 및 공간성의 의미로 전개되는 경험의 형식이 그 하나이며 다른 하나는 법칙이나 계량을 허용하지 않고 순수 지속pure durée의 상호침투 형태로 나타나는 경험의 형식이다. 즉, 전자는 과학에, 후자는 철학에 속한다. 그러므로 순수 지속의 상호침투를 이해하기 위한 철학은 개념에 머무르는 것이 아니라 개념을 초월하여 직관에까지 도달해야만 한다HBO, p.1401; IP, p.188. 왜냐하면 철학은 참으로 실재하는 것이 무엇인가를 탐구하는 형이상학이어야 하고, 그런 의미에서 생성으로서의 지속을 탐구해야 하는데, 지속은 직관에 의해서만 직접 우리에게 제시될 수 있으며, 간접적으로는 이미지image에 의해서 시사될 수 있을 뿐, 개념적 표상에 가둬둘 수 없기 때문이다HBO, pp.1416-1417; IP, pp.188-189.

그러므로 베르그송의 입장에서 보면 제 과학들 사이의 갈등은 필연적이다. 과학은 개념의 분석을 통하여 사물 간의 유사성을 찾고, 이를 종합하여 통일에 이르려고 하기 때문에 언제나 상대적인 단계에 머무를 수밖에 없다. 그리고 이로 말미암아 제 과학들 사이에 논쟁이 생기고 체계 사이에 갈등이 생기기 때문이다.

하지만 실재하는 것을 생성이라고 파악하고, 지속을 탐구하는 철학의 입장에서 보면, 제 과학들 상호 간의 이러한 갈등은 별로 문제될 것이 없다. "지속에 대립하는 학파들의 의견을 자세히 음미하면, 의견의 차이는 다수성과 통일성 두 가지 개념 중 어느 것에 더 중점을 두었느냐의 차이에 불과하다는 것을 알 수 있다. 한쪽은 다양성의 견해에 초점을 두어, 구체적인 실재를 시간의 명확한 순간으로 분할해 버린다. ··· 다른 한쪽은 통일성에 초점을 두어 영원까지 생각한다. 하지만 이들의 영원은 추상적인 개념이기 때문에 공허하며, 어떻게 이 영원이 무한히 많은 순간을 공존시킬 수 있는지 모른다"HBO, p.1418; IP, p.209. 결국, 다양성을 중시하는 과학과 철학은 수많은 순간 안에 낱낱이 흩어진 사실만을 보는 것이며, 통일성을 중시하는 과학과 철학은 추상적 영원을 볼 뿐, 구체적 실재를 파악하지는 못한다.

그러므로 분석(다양성)과 종합(통일성)을 통해 실재를 파악하려는 다른 과학이나 철학과 달리, 직관을 통해 구체적으로 실재하는 지속을 파악하는 새로운 형이상학은 상대성으로 추락하지 않는다. 이 새로운 형이상학은 "통일에 도달하려는 것이 아니라 통일에서 출발하는 것이다"HBO, p.1362; IP, p.138. 그리고 이때 통일이란 우리가 일반적으로 말하는 집합으로서의 통일이 아니라, 한편에는 연속적으로 일어나고 있는 의식의 복수성이 있고, 다른 한편에는 결합하는 통일성이 있는 통일이다 HBO, pp.1416-1417; IP, p.207.

물론 구체적으로 실재하는 지속을 파악하려는 "철학자도 보편과학자l'homme de la science universelle임이 틀림없다"HBO, p.1359; IP, p.134. 비록 추구하는 방법이나 파악하려는 대상이 과학의 그것과 다르다고 해도 진리를 발견하고 실재하는 사물을 해명하려고 하는 한 철학도 하나의 과학이요, 학문이다. 직관을 방법으로 택하며, 연역-귀납 및 분석-종합의 방법을 택하지 않는다고 해서 그것이 논리에 바탕을 둔 과학 또는 학문이 아니라고 보아서는 안 된다.

그래서 베르그송은 "철학자가 배워서 안 되는 일은 아무것도 없다"HBO, p.1359; IP, p.134고 하며, 더 나아가서 "과학(학문)과 형이상학은 직관 속에서 서로 만난다"HBO, p.14249; IP, p.216고 한다. 그리고 바로 이 과학이야말로 보편성으로의 꿈을 가지고 모든 것을 물질성으로 환원해버리는 과학이 아니라, 참으로 실재하고 생성으로서 지속을 파악하는 참된 경험주의이다.

따라서 이 참된 경험주의로서의 과학, 곧 철학은 과학의 결함을 보충해주는 그런 것이 아니다. "과학은 발전을 위해 기호가 필요하지만, 형이상학은 그런 기호, 개념과 더불어 파괴 되고 만다"HBO, p.1426; IP, p.219. 고정된 것에서 움직임으로, 이미 있는 것에서 새로운 것으로 나아가려는 개념적 인식은 상대적인 것에 머무르지만, 운동성 안에 들어가 운동성 자체인 생성을 파악하는 직관은 우리를 절대적인 것에 도달하게 한다HBO, p.1424; IP, p.216. 그러므로 "철학자의 역할은 이미 존재 하는 관념을 택하여 그것을 보다 높은 종합 속으로 용해하는 것도 아니며, 그것을 새로운 관념에 결합하는 것도 아니다" HBO, p.1358; IP, p.133. 참된 형이상학은 실제 생활에 유용하고 우리의 습관적 사고에 알맞은 표현양식을 찾는 데 목적을 두지 않는다. "철학함이란 일상적 사고 작업의 습관적 방향을 역逆으로 거슬러 올라가는 것이다"HBO, p.1422; IP, p.214.

물론 베르그송이 개념의 단점을 부각한다고 해서 아예 자신의 형이상학에 개념이 전혀 필요 없다고 하는 것은 아니다. 다만 형이상학이 참다운 형이상학의 면모를 발휘하기 위해 습관적으로 사용하는 개념을 초월하는 다른 종류의 개념을 창조해야만 한다는 것이다. 또한 실제 생활과 관련해 과학이 가지는 유용성을 전적으로 부정하는 것이 아니다. 다만 개넘을 활용하는 과학이 생성·변화하는 참된 실재를 파악할 수 없다는 것을 강조한다.

그럼 우리에게는 다음과 같은 의문이 생겨난다. 베르그송이 말하는 보편과학으로서의 철학이 칸트가 정초하려고 애쓴 엄밀한 과학으로서의 철학과는 어떻게 다른가? 또, 칸트와 베르그송 철학의 근본적 차이는 무엇에서 비롯되는가?

# 3
## 칸트와 베르그송

칸트는 전통 형이상학이 결국 이율배반에 빠지고 만다고 하여 엄밀한 보편과학으로서 새로운 형이상학을 정초하기 위해 그의 비판 철학을 열었다. 그러나 베르그송의 입장에서 보면 칸트의 보편과학으로서 형이상학에 대한 꿈은 하나의 거대한 틀 속에 모든 것을 밀어 넣으려는 보편수학을 의미하는 것이며, 플라톤주의의 유물인 동시에, 자연 속에 미리 형성되어 있고 순서조차 정해져 있는 아리스토텔레스적인 단일 과학이기도 하다.

그래서 베르그송은 칸트의 『순수이성비판』에 나타난 인식에 대한 비판이론을 플라톤의 진리개념과 비교하면서 자연의 질서와 사유의 질서에 대한 대칭적인 역전逆轉이라고 보았다. 이것은 플라톤이 이데아 세계가 실재한다고 보았고, 현상계가 그것의 모방이나 모사에 불과하다고 본 것에 반해, 칸트는 내 의식일반에 의해서 구성되는 것이 현상계라고 파악한 점이 서로 대칭이 되며, 그렇지만 관념(개념)과 지성(이성)적인 것을 통해 '고정된 것'으로서 존재파악이라는 점에서는 같다는 의미이다.

베르그송이 보기에 칸트의 비판철학에서 중요한 기교 중 하나는 과학자가 말하는 것을 글자 그대로 해석하고, 그것을 그들보다 더 극단적인 기호주의의 한계로 밀고 나가는 것이다. 칸트의 철학에서는 오성Verstand이 위험천만한 독립을 요구하자마자 형이상학과 과학이 그 극단의 한계를 향해 나아간다. 따라서 과학과 형이상학을 지적 직관intuition intellectuelle에 연결하는 관계에 대하여 잘못 이해한 칸트에게 있어 과학은 상대적인 것이며 형이상학이 인위적이라는 것을 증명하는 것은 쉬운 일이었다HBO, p.1427; IM, p.220. 그리고 칸트가 믿었던 과학적 지식은 아리스토텔레스가 믿었던 것처럼 자연 속에 미리 형성되어 있고 순서조차 정해져 있는 단일한 과학의 꿈을 가지고 있던 몇몇 근대철학자의 오류를 그대로 답습한 것이다. 그러나 "실제로 근대과학은 단일한 것도 아니고 단순하지도 않다"HBO, p.1429; IM, p.223.

물론 베르그송이 고대과학과 근대과학의 차이를 인정하지 않는 것은 아니다. "고대인에게 있어 과학이란 개념은, 즉 사물의 종류에 관한 것이었다. 모든 개념을 하나의 개념 속에 집약함으로써 그 개념은 어느 관계의 존재에 이르게 되었다. 그것은 바로 사유pensée라고 불릴 수 있다. 그러나 그것은 사유주체라기보다는 사유객체였다. … 이에 비해서 근대과학은 법칙을 축으로 돌고 있다. 그리고 그 관계는 관계를 묶어줄 지성이 없이는 아무것도 아니다. 근대과학에서 우주가 법칙의 체계라고 주장할 수 있는 것은 현상現象이 지성이라는 여과지를 통과했을 때이다"HBO, pp.773-776; EC, pp.328-332. 즉, 고대 과학은 사유객체에, 근대과학은 그 법칙에 중점을 두었다.

그런데 칸트는 이런 제 사상을 자기 나름으로 종합하였다, 지성의 개념능력을 강조함으로써 사유주체에 우월성을 두었다. 그러므로 "칸트의 철학은 근대 형이상학의 연장, 또는 고대 형이상학을 옮겨놓은 것에 지나지 않는다"HBO, p.796; EC, p.355.

엄밀한 과학으로서의 철학을 정초하려 했던 칸트에게 있어서 인과율因果律은 그 무엇보다도 중요한 원리였다. 그것은 뉴턴의 물리학 체계 자체를 지탱하는 근본원리이기 때문이다. 그러므로 칸트의 비판철학은 어떤 의미에서는 데이비드 흄 David Hume의 인과율 부정에 대한 답변 또는 비판이라고 볼 수 있다.

그러나 베르그송은 인과율이 지나치게 기계론적인 경도된 관점에 서 있다고 보았다. 그것이 결정론이라는 것이다. 그에 의하면 우리는 자발적이고 예견 불가능한 경향을 드러내는 자유의지를 위해 공간을 허용해야만 한다. 그런데 칸트는 자유의지를 과학적 탐구의 영역에 속하는 시간과 공간을 넘어선 어떤 것으로 보았고, 궁극적으로 신념의 영역에 속한 것으로 파악했다. 그러나 베르그송에게 있어서 자유의지는 단순히 추상적 관념이나 신념이 아니다. 그래서 베르그송은 칸트의 철학에 반대하여 시간, 공간, 그리고 인과율에 대한 새로운 개념을 다시 정의하려 하였다. 그것은 자신의 지속 개념을 가지고 자유의지와 인과율의 확실한 결합이 가능한 영역을 확보하려는 것이었다.

칸트는 직관을 감성의 영역에 국한했다. 개념은 오성의 능력을 독립시켜 거기에 두었다. 그리고 직관의 두 형식을 외감外感인 공간과 내외감內外感인 시간으로 나누었다. 직관은 외부의 현상계를 두 형식에 의해 수용하는 능력에 불과하다고 보았다. 즉, 직관은 경험적 직관일 뿐이며, 단순히 수용성受容性일 뿐이다. 오성의 자발성自發性, 즉 개념작용이 더해져야만 비로소 인식이 가능해진다. 그러므로 칸트는 개념의 우월성을 중시하는 결과에 이르고, 본질직관을 인정하지 않음으로 인해 물자체Ding-an-sich의 세계는 생각할 수 있으나 인식될 수는 없는 세계로 남겨지게 된다. 그래서 베르그송은, "칸트는 독단론의 비탈길을 활주하여 멀리 그리스 형이상학으로 되돌아가는 것을 막았다. 그는 갈릴레이의 물리학이 계속 확장한다고 가정하기 위해서, 필요한 가설을 최소한으로 축소했다. 다만 칸트가 인간지성에 대해 말할 때 그 지성은 당신이나 나의 지성이 아니다. 자연의 통일성은 그것을 통일하는 인간의 지성에서 오는 것은 틀림없겠으나, 이 통일작용은 비인칭적인 것이다. … 칸트의 비판철학은 그의 선배들이 지녔던 과학에 대한 개념을 받아들이면서 그 안에 내포된 형이상학적 요소는 최대한 축소하여 그들의 독단론을 제한하려는 것이었다"HBO, pp.796-797; EC, pp.356-357고 한다.

그러나 베르그송이 말하는 보편과학으로서의 형이상학은 칸트가 말하는 ―엄밀한 과학이고자 하는― 오성에 의한 추상과학이 아니다. 칸트의 방법은 실재의 세계를 외부에서 바라보는 것에 지나지 않지만, 직관에 의한 형이상학은 구체적인 실재의 내부에 직접 들어가는 것이다. "이율배반의 정립과 반정립을 동시에 동일한 지반 위에서 승인하는 수단이 없다면 형이상학은 확실히 칸트가 말하는 그런 것이 될 것이다. 그러나 직관의 노력으로 구체적 실재의 내부에 자기를 두는 것이야말로 확실한 철학적 사고이다. 그런데 칸트의 비판철학은 이 구체적 실재를 단지 외부에서만 바라보고 정립과 반정립이라는 대립의 견지를 얻었다. … 직관에 근거를 가진 학설이 정확히 직관적인 것이라면 칸트의 비판을 벗어날 수 있다"HBO, p.1430; IM, p.224.

그렇다면 과연 베르그송이 말하는 직관은 무엇이며, 지성은 무엇인가?

# 4

## 직관과 지성

베르그송에 의하면 직관만이 참된 실재를 파악할 수 있다. 그런데 베르그송이 말하는 참된 실재는 플라톤의 이데아도 아니고, 아리스토텔레스의 형상 또는 실재하는 사물도 아니다. 또한 칸트의 물자체도 아니다. 그것은 모두 존재의 영역에 속한다. 이에 반해 베르그송이 말하는 참된 실재는 생성이며, 다양성의 통일성이며, 동시에 끊임없는 움직임이고, 고정 불변한 개념을 가지고는 파악할 수 없는 지속이다. 그리고 베르그송에 의하면 지속은 오직 직관intuition을 통해서만 파악할 수 있다. 그래서 『형이상학입문』에서 직관의 의미를 설명하기 위하여 다음의 두 가지를 서로 대비시킨다. 그것은 바로 '지성과 지성에 의해서 파악되는 개념의 한계'와 '절대성과 총체성을 파악하는 직관의 능력'이다.

경주라는 도시를 예로 들어보자. 베르그송에 의하면 지성이 관점을 분할하여 만들어낸 경주에 대한 개념은, 마치 경주에 대한 수집 가능한 모든 항공사진들을 조각조각 맞추어 그 도시를 파악하려는 것과 같다. 그렇지만 이것은 경주 시내로 들어가 왕릉들 사이와 안압지, 월성 터와 황룡사 터, 첨성대를 직접 체험하는 것과는 전혀 다른 차원의 일이다. 하나의 '도시'로서 경주에 대해 파악하는 가장 좋은 방법은 시내로 걸어 들어가 경주를 직접 경험하는 것이다. 그리고 이 직접경험은 직관을 통해서만 비로소 가능하다는 것이 베르그송의 생각이다.

이는 고전古典에 대한 우리의 이해에 있어서도 마찬가지이다. 서산대사西山大師 휴정休靜의 임종게臨終偈 중 '홍로일점설紅爐一點雪'이라는 한 구절을 생각해보자. 이 구절에 대해 수많은 번역과 해석이 있을 수 있고, 이 말의 의미를 찾기 위해 수많은 번역과 주석을 비교하면서 연구할 수 있다. 그러나 죽음을 눈앞에 둔 서산대사가 이해한 '삶'에 대해 이해하는 것은 그 연구를 통해 얻어지는 것이 아니다. '삶이란 붉은 화로에 날아드는 한 송이 눈꽃'이라는 구절에 공감했을 때 이해할 수 있다. 바로 이 공감행위가 곧 직관이라는 것이 베르그송의 생각이다.

그런데, 베르그송의 직관을 이해하기 위해서는 그의 지성에 대한 비판을 살펴볼 필요가 있다. 그가 그의 반대론자들이 말하는 것과 같이 반지성주의자는 아니라고 할지라도, 지성과 지성의 영역에 속하는 개념에 대한 강력한 비판을 통하여 자신의 직관철학을 전개하고 있기 때문이다.

베르그송에 의하면 지성intellect은 기호와 개념을 사용하는 것이며 직관에 대립하는 것이다HBO, p.1395; IM, p.181. 지성은 운동성과 변화를 불변하는 것으로 고정화固定化해버린다. 불연속적인 것만을 명료하게 표상한다. 운동성 자체에는 관심을 두지 않고 반드시 부동성으로부터 출발한다HBO, p.626; EC, pp.155-156. 이런 이유로 뉴턴이 자신의 물리학적 체계에 운동성을 새로 도입했음에도, 베르그송은 뉴턴의 물리학에 대해서도 반대한다. 왜냐하면, 그가 파악한 운동성은 불변하는 두

점, 또는 무수히 많은 정지점으로 재구성된 움직임이기 때문이다.

그러므로 베르그송에 의하면 물리학에서 파악하는 것은 운동성 그 자체가 아니다. 운동체의 위치는 운동 그 자체의 부분이 아니라 공간상의 점이며, 공간은 운동의 기체基體로서 상정된 것에 불과하다. 그러므로 무수히 많은 정지점을 모아도 결코 운동성은 나타나지 않는다HBO, p.1413; IM, p.203. 따라서 지성이 표현하는 운동이란 부동적인 것을 병렬並列시켜 그 운동을 재구성하는 것에 불과하다HBO, p.626; EC, p.156. 지성이 우리에게 제시하는 것은 운동성이 아니라 부동성일 뿐이다HBO, p.627; EC, p.156.

베르그송이 지적하는 지성의 또 하나의 결점은, 지성이 복합적이며 구분할 수 없는 전체로서의 사물을 부분으로 나누어버리고 분석한다는 점이다. 실재하는 것을 분할 가능하고 상호 독립적인 부분들의 집합으로 보기 때문이다. 지성이 사물을 부분으로 나누어 분석하는 이유는 그것을 통일해 실재를 재구성할 수 있다고 여기기 때문이다. 물론 이런 분할과 분리의 방식이 필요할 때가 없는 것은 아니다. 자동차나 컴퓨

터 등 각종 기계의 분해와 재결합은 물론이고, 화학에서의 정량 및 정성분석, 항공사진의 정밀 분석 등 우리의 일상생활 속에는 분석적 방법이 필요하고 또 그것이 유용한 경우가 무척 많다.

그러나 결코 분리될 수 없고 재구성될 수 없으며 부분으로 파악될 수 없는 것이 있다. 그것은 전체성全體性으로서의 유기체, 즉 생명체이다. 하나의 유기체는 단순히 원소들의 집합으로 이룩되는 것이 아니며 분할된 상태로는 의미를 지닐 수 없는 살아 있는 생명체이다. 따라서 유기체로서의 생명체에 대한 파악은 결코 분할과 재구성을 통해 사물을 파악하는 지성이 해낼 수 있는 것이 아니라는 것이 베르그송의 주장이다.

그러나 우리는 다음과 같은 의문을 가질 수 있다.

만약 원인을 알 수 없는 의식불명 상태가 오랫동안 계속된 환자가 있고, 여러 명의 전문의가 그 원인을 규명하기 위해 각각의 전문 영역에서 환자의 신체부위를 부분적으로 검진하는 경우를 생각해 보자. 그들은 신체의 각 부위는 물론이고, 또한 맥박, 호흡, 심전도, CT촬영 결과 등을 종합적으로 고려한다고 가정해보자. 또한 환자의 어느 한 부위에 꼭 필요한 치료 방법이 다른 부위에는 치명적인 피해를 주지는 않는지 심각하게 고려하고 있다고 상상해보자. 이 모든 행위는 사물을 부분으로 나누어 분석하는 지성의 작용이 아닌가? 또한 지성의 종합하는 능력이 발휘되고 있는 것이 아닌가?

그렇다. 이것은 분명 지성의 작용이고, 이 작용이 한 유기체의 생명이 지속하도록 효과를 발휘하고 있는 것이 틀림없다. 만약 지성의 영역에 속하는 과학으로서 의학의 발전이 없었다면, 오늘날 우리는 장기이식 등을 통한 생명체의 치유와 생존 같은 것은 꿈도 꿀 수 없었을 것이다. 하지만 그렇다고 해서 분할 불가능하며 구분 지어질 수도 없는 총체성으로서 생명체와 생명 그 자체의 의미가 사라지는 것은 아니며, 이 생명체를 분할해서 재조립하는 것이 가능한 것도 아니다. 다시 말해 사물을 분할하고 분석하여 재구성하는 지성의 방법을 통해 생명 그 자체의 의미를 파악하는 것은 불가능하다는 것이 여전히 유효하다. 그리고 바로 이런 의미에서 직관을 통해서만 운동성이며 살아 있는 것으로서의 생명에 다가갈 수 있다는 베르그송의 주장도 유효하다.

또한 "지성은 언제나 주어진 것을 가지고 재구성하려고 하기 때문에 … 예견 불능인 것을 인정하지 않는다"HBO, p.499; EC, p.6. 그러므로 지성은 생명체의 창조적 기능과 자율적인 삶을 무시하고, 이를 기계화mechanize하고 도식화schematize해버림으로써 실재를 변질deform시키고 만다HBO, p.691; EC, p.232. 지성은 이를 통해 같거나 유사한 원인cause이 같은 결과를 가져오리라고 믿는다. 하지만 이런 사고방식은 산업화 사회의 대량생산에나 알맞은 것이다.

기계화된 산업사회에서는 동질同質의 규격화된 상품을 대량으로 생산하고 있다. 동일한 공정을 거치면 동일한 제품이 되풀이되어 생산된다. 하지만 무기물이 아닌 유기체는 전혀 다르다. 미생물인 세균의 배양에 있어서조차 같은 조건에서 같은 결과가 나오지 않는 경우가 있다. 하물며 인간의 삶에 있어서 동일한 조건에서 동일한 결과가 나오지 않는다는 것은 당연하다.

더구나 유기체의 삶에서는 동일한 조건이 만들어질 가능성이 거의 없다. 그러므로 베르그송은 생명을 가진 유기체의 삶이 예견불능의 창조적인 성격을 지니기에 지성의 능력으로는 파악할 수 없다고 본다. 지성은 "비유기체적이며 인공적인 도구를 제작하는 고도의 능력"HBO, p.622; EC, p.151일 뿐이며 "본래 무기물질에만 적용되도록 된 것"HBO, p.630; EC, p.161이기 때문이다. 그런데도 "생명에 대한 본질적인 몰이해를 특징으로 하는"HBO, p.635; EC, p.166 지성은 유기체의 삶을, 특히 인간의 삶마저도 등질화homogeization된 자동조절장치로 생각하고 기계화하는 오류를 범하고 있다.

이것은 사물의 개별적인 성질individual qualities을 무시하고 사물 사이의 관계에만 관심을 가짐으로써 사물을 단순화하고 등질화等質化하는 지성의 특징 때문이다. "지성의 본질적인 기능은 주어진 상황과 이것을 이용하는 수단과의 관계에 관한 것이다. 따라서 지성에 있어서 무엇인가 본래의 것이 있다면 그것은 여러 가지 관계를 짓는 경향이다"HBO, p.633; EC, p.164. 그리고 개념이란 "부호의 역할을 하는 것이며, 그것이 종사하는 대상의 대용물인 기호에 불과하다. 실재에 병치된 개념이 우리에게 제시하는 것은 대상의 인공적인 재구성 이상의 것이 결코 아니다. 개념은 대상의 몰개성적인 기호가 되는 것에 불과하다"HBO, p.1400; EC, pp.186-187. 따라서 이러한 개념작용에 근거를 둔 지성은 어떤 사물의 특수하고 개별적인 성질, 또는 속성을 다른 많은 사물과의 공통된 성질로 환원해버리고, 확장해버림으로써 그것을 불구로 만들어버린다.

그러나 무엇보다도 지성의 가장 큰 오류는 순수하게 질質적인 정신을 양화量化하고 순수 지속을 공간화spacialisation해버린다는 것이다. 우리의 의식은 순수 지속이며, 양이 아니라 질이고, 부동성이 아니라 끊임없이 흐르는 운동성이다. 그런데도 부동성만을 파악할 수 있고, 실재를 분할을 통해서만 재구성하며, 사물을 도식화하고 기계화하는 지성은 우리의 의식을 양화하고 공간화해버린다. 그래서 베르그송은 끊임없는 흐름이며 움직임인 지속을 '고정된' 것으로 분석하는 방법을 통해 파악하는 것은 불가능하다고 보았다. 그것은 경험에 바탕을 둔 직접적이고 내면적인 직관을 통해서만 가능하다.

직관은 이에 반해서 앞에서 언급한 바와 같이 참된 실재를 직접 파악하는 능력이다. 직관은 대상과의 언어로 표현할 수 없는 일치를 위해 대상의 내부에 자신을 옮기고자 하는 공감이다HBO, p.1395; IM, p.181. 또한 사물을 전체로서, 또한 총체성으로 파악하려는 "그 자체 하나의 단순한 행위un acte이다"HBO, p.1396; IM, p.181.

그런데 이렇게 보면 베르그송이 말하는 직관은, 일반적인 정의와 크게 달라 보이지 않는다. 일반적으로 직관에 대해 정의할 때, 직관은 분석의 방법을 통하지 않고 순간 속에서 사태를 전체적으로 파악하는 것이며, 비반성적 공감非反省的 共感에 의한 자아와 사상事象의 일치라고 말하기 때문이다.

또한 베르그송의 직관에 대한 정의는 데카르트René Descartes의 본질직관과도 매우 유사해 보인다. 직접 파악하는 방법이라는 점에서 공통점을 지닌 것으로 보인다. 데카르트도 진리의 인식으로 우리를 이끌어주는 것은 연역deduction과 직관 두 가지가 있는데, 그중 직관에 의해서만 가장 명백하고 단순한 본질이 파악된다고 하였다. 그 이유는 이것이 본질을 직접 파악하는 것이기 때문이다.

그러나 일반적으로 철학에서 정의되는 직관은 정신의 능력에 속한 것이고, 데카르트의 직관은 이성의 능력에 속한 것이다. 또한 데카르트가 직관을 통해 파악하는 본질은 여러 모순을 해결하는 영원한 원칙으로서의 수학적 공리公理를 의미하며 추상적이며 일반적인 진리를 의미한다.

이에 반해 베르그송의 직관은 본능本能, instinct의 소산이며 능력으로서, 구체적이고 독창적으로 참된 실재를 파악하는 것이다. 본능은 유기체의 소산이고 생명의 형식 그 자체를 본떠서 만들어진 것이며HBO, p.635; EC, p.166, "본능이 곧 공감l'in-stinct est sympathie"이다HBO, p.645; EC, p.177. 하지만 베르그송이 직관을 본능과 전적으로 일치시키는 것은 아니다. 베르그송에 의하면, 직관은 이해利害로부터 자유로워져서 자신을 의식하고 대상에 대하여 심사숙고하며 그 범위를 한없이 확장해가는 '발전된 본능'이다HBO, p.645; EC, p.178.

물론 우리는 지성도 유기체의 소산이며, 진화의 과정을 통하여 인간에게 가장 늦게 나타난 것이라고 말할 수 있다. 그렇지만 지성과 직관은 서로 다르다. 발전된 본능으로서의 직관이 무의식에 더 가깝다면, 지성은 의식에 더 가깝다. 그리고 바로 이런 이유 때문에 일반적으로 지성이 본능보다 더 고차원적인 것이며, 더 유용하다고 생각한다. 하지만 생명과정에서 가장 기초적인 능력은 본능이다HBO, p.635; EC, p.166. 그리고 "부동적인 것과 이미 주어진 것을 다루는 데 자신감을 갖는 지성은 물질 쪽으로 향해가지만 본능은 생명 쪽으로 향한다" HBO, p.645; EC, p.177.

그러므로 본래 무기물질에 적용되게 만들어진 지성은, 유기체의 소산이며 생명의 형식 그 자체를 본떠서 만들어져 있는 직관보다는 구체적으로 실재하는 생명과 지속을 파악하는 데 있어서 열등하다. 지성이 자신의 도식schema 속에 기계화하는 세계는 명석clear하고 판명distinct하지만 참은 아니며, 이는 마음에 속하는 질서nature of mind이지 사물 자체에 속하는 질서nature of things는 아니다HBO, pp.630-632; EC, pp.160-163. 바로 이런 이유에서 베르그송은 데카르트의 이성에 의한 본질직관을 거부하고 감성직관을 인정한 칸트와도 그 견해를 크게 달리한다.

앞에서 본 바와 같이 칸트는 직관이 감성의 능력이며 오성의 자발성이 주어지지 않으면 아무런 판단을 내릴 수 없는 경험의 수용 능력에 불과하다고 본다. 그러나 베르그송은 직관이 이성의 능력이 아님을 분명히 하면서도 직관으로 실재하는 것을 직접 파악할 수 있다고 본다. 그리고 이때 직관으로 파악되는 것은 우리의 의식 속에 이미 들어 있는 개념의 범주에 의해 절단되고 왜곡된 사물이 아니라 생성하는 실재 그 자체이다. 그러므로 베르그송의 직관론은 칸트의 구성설構成說

을 극복하고 있다고 말할 수 있다.

베르그송에 의하면 직관의 능력에 의해 파악될 수 있는 것은 부단한 흐름이며 생성하고 변화하는 지속이다. 즉 실재하는 것은 지속이며 이 지속은 생성, 변화, 흐름의 운동이다. 그리고 이 지속을 올바르게 파악할 수 있는 방법은 공감행위로서의 직관뿐이다. 그러므로 베르그송의 직관을 요약해서 말한다면 그것은 '가장 단순한 공감행위'이다.

그럼 이러한 직관의 파악 대상은 무엇인가?

# 5
## 양과 질

베르그송은 '실재하는 것은 무엇인가'라는 의문의 실마리를 직관을 통해 풀려고 하였다. 즉 그는 공감행위로서 직관에 의해 파악되는 생성, 변화, 운동으로서의 세계야말로 참으로 실재한다고 보았다. 그리고 이러한 세계를 지속이라고 불렀다.

그리고 우리와 아주 가까이 있어서 구체적으로 직접 파악할 수 있는 지속이 있는데 그것이 우리의 의식conscience 즉, 자아라는 것이다HBO, p.1396; IM, p.182. 그래서 베르그송은 그의 대표적 저서 중의 하나이며 박사학위논문이기도 한 『의식에 직접 주어진 것에 관하여』에서 지속과 순수지속으로서 우리 의식과 우리 행위의 관계에 대해 논의하였다.

그러므로 베르그송의 철학을 이해하기 위해서 지속의 문제를 다루어 보는 것은 아주 중요한 일이다. 지속의 문제 자체가 베르그송 철학의 핵심이기 때문이다. 더구나 자유의 문제와 연관 지어볼 때 더욱 그렇다. 왜냐하면 베르그송 자신이 『의식에 직접 주어진 것에 관하여』의 서문에서 "모든 문제 가운데 우리는 형이상학과 심리학에 공통되는 문제, 즉 자유의 문제를 택하였다. 우리가 증명하고자 하는 것은 결정론자들과 그에 반대하는 자들 사이에 논의가 지속과 연장, 계기와 동시성, 질과 양과의 혼동을 미리 포함한 일이며, 일단 이 혼동이 일소되면 자유에 대해 행해지는 반론이나 자유에 대해서 주어진 정의, 또는 어떤 의미에서는 자유의 문제 그 자체도 소멸하는 것을 볼 수 있을 것"이라고 하였기 때문이다. 그러면 이제 순수지속으로서 의식의 양화量化 문제를 살펴보기로 하자.

베르그송은 우리 정신 내면에서의 변화는 양quantité의 변화가 아니라 질qualité의 변화라고 한다. 즉 감각, 감정, 정념, 노력 등 우리 의식의 여러 상태는 증가하거나 감소하는 양일 수 없다는 것이다HBO, p.5; ED, p.1. 그러나 그럼에도 불구하고 우리가 이러한 질적인 변화를 양적인 변화로 간주하는 까닭은 무엇인가?

이 점에 대해서 베르그송은 강도强度, intensité를 크기grandeur와 동등하게 생각하기 때문이라고 대답한다. 즉 질적인 변화의 강도를 양적인 변화의 한 부분으로 생각하고 변화 이전의 양과 변화 후의 양이라는 두 개의 양으로 구분하기 때문이다 HBO, p.6; ED, p.2.

그리고 또 하나의 이유는, 이미 내포적이며 분할 확장될 수 없는 순수하게 내적인 상태를, 외연적이고 확장 가능한 것을 표현하는 데 알맞게 되어 있는 언어로 표현하기 때문에 생긴다HBO, pp.6-9; ED, pp.3-5. 즉, 우리는 무엇보다 크다거나 무엇보다 작다는 언어적 표현에서, 강도와 크기의 표현 사이에 유비적으로 동일한 인상을 받게 된다. 그러나 이러한 유비적 동일성은 강도의 관념을 언어로 표현하려는 과정에서 생기는 공간화의 착각이다.

그런데도 "반성적 의식은 언어로 쉽게 표현될 수 있는 분명한 구분을 좋아한다. 그래서 마음의 혼합된 덩어리 속에서 일어난 정신적인 변동을 증대하는 양이라는 형태로 떼어놓고 결정화結晶化한다. 그리고 공간이 없는 곳에서도 양을 말할 수 있는 것으로 생각한다"HBO, p.10; ED, p.7. 한 걸음 더 나아가, "기계적이고 동력학적인 이론은, 의식의 모든 상태가 뇌수腦髓 물질의 분자나 원자의 어떤 진동에 대응하므로, 감각의 강도는 이들의 분자운동의 진폭, 복합성, 연장으로 측정될 수 있다"HBO, p.8; ED, pp.4-5고 주장한다.

베르그송도 "한 감각의 강도 또는 어떤 심적인 상태를 그것을 발생케 한 객관적인 수와 양에 의해서 또 측정 가능한 결과에 의해서 정의할 수는 있다"HBO, p.7; ED, p.3는 생각을 부정하지는 않는다. 하지만 대개 우리는 이런 심적인 상태를 일으키는 원인조차 모르며, 더 나아가 그러한 양적 측정의 가능근거가 무엇인지도 모른다HBO, p.7; ED, p.4. 그리고 "실재에 있

130

어서 이러한 의식의 변화는 양의 변화가 아니라 질의 변화이
다"HBO, p.10; ED, p.7. 그러므로 외적 사실과 전혀 관계가 없는
우리 의식 내부에서의 변화를 양적으로 환원하는 것은 잘못
이다.

물론 신체적 변화를 수반하는 의식의 강도가 없는 것은 아
니다. 오히려 "정념이든 욕망이든 기쁨이든 슬픔이든 신체적
징후를 수반하지 않는 것은 거의 없다"HBO, p.17; ED, p.15라고
한다. 감각의 경우에 있어서도 마찬가지이다. 강한 감각은 그
감각에 대응하는 신체적 동요를 가진다. 즉 비록 감각의 강도
가 원인의 크기에 의해서 결정될 수는 없다고 하더라도 감각
은 분명히 외적인 원인에 결부되어 있다. 따라서 감각과 외적
원인 사이에 어떤 관계가 있다는 것은 부인할 수 없는 사실이
다. 그리고 그 대표적인 예는 의식의 강도가 확장되어 외부로
전개하는 듯이 보이도록 하는 '근육 노력l'effort musculaire'이다.

"근육의 힘은 그 표현에 앞서 그것이 한층 더 적은 용적으
로, 말하자면 압축된 상태로 존재하고 있었다는 인상을 준다
… 그래서 우리는 주저하지 않고 이 용적을 더 좁힘으로써 순
수하게 심적인 상태는 공간을 점유하지 않음에도 불구하고,

크기를 가진 것으로 생각하게 된다"HBO, pp.17-18; ED, p.16. 즉, 어떤 하나의 노력이 증대할 때, 심적인 힘은 그대로이지만, 얼굴과 머리와 그 밖의 근육의 어떤 한 점에서의 강도가 한층 더 크게 되는 것처럼 보일 수 있다HBO, p.20; ED, p.19. 그래서 베르그송은 일반적으로 감각의 변화를 양적인 변화로 생각하는 것이 자연스러운 일이라고까지 한다.

사실 ―우리의 감각이 정감적 감각les sensations affectives이든 표상적 감각les sensations représentatives이든― 감각의 원인은 대부분 외연적이며, 측정 가능한 것이다. 그리고 우리는 어떤 결과에 대하여 어떤 원인을 결부시키는데, 이때 원인의 양적인 요소를 결과의 질적인 요소에 가져옴으로써 질적인 변화를 등질等質의 양적인 변화로 착각하게 된다.

그러나 그렇다고 해서 베르그송이 질적인 변화인 우리의 의식 상태를 양적인 크기로 환원하는 일반적 경향에 대해 인정하는 것은 절대 아니다. 그는 질적인 감각을 양으로 환원할 수 있고 또 측정이 가능하다고 주장하는 정신물리학에 철저하게 반론을 전개한다.

정신물리학자 베버Weber는 일정한 감각을 유발하는 일정한 자극이 주어질 때, 우리의 의식이 그 변화를 깨닫기 위해서 필요로 하는 자극의 양이 처음에 주어진 본래의 자극과 일정한 비례 관계를 가진다고 한다HBO, p.20; ED, p.19. 그러나 페히너 Fechner는 이러한 베버의 이론에 기초를 두면서도, 전적으로 동의하지는 않았다. 두 감각이 서로 동등同等, équalité하다는 것과 처음의 자극에 첨가된다는 것이 어떤 의미를 지니는지를 먼저 정의하지 않으면 심리학에 계량의 방법을 도입할 수 없다는 것을 알았기 때문이다HBO, p.44; ED, p.47. 즉, 두 가지의 다른 감각은 질적인 차이를 제거한 후 무엇인가 동일한 기반이 남을 때 비로소 동등하다고 말할 수 있다는 것이다. 그러나 베르그송의 입장에서 보면 질적인 차이란 실상 우리가 느끼는 모든 것이기에 만일 그 질적인 차이를 제거해 버린다면 우리에게 남는 것은 아무것도 없게 된다HBO, p.45; ED, p.47. 따라서 페히너의 주장은 잘못됐다.

페히너의 이러한 오류는 마찬가지로 첨가의 문제에 있어서도 발생한다. 베르그송의 주장대로 하면, 자극이 점진적으로 균일하게 증가할 때에도 감각은 갑작스러운 비약에 의해서 변화한다. 그런데 페히너는 그 감각의 변화 하나하나가 외적 자극의 지각 가능한 최소한의 증대에 대응해 있다고 보았다. 그리고 이를 양화하고 계량計量하려고 하며 함수函數를 만드는데 주저하지 않았다HBO, pp.42-45; ED, pp.44-48. 물론 감각 S2는 처음의 감각 S1이 변한 것이기는 하다. 하지만 베르그송에 의하면 페히너가 주장하듯 감각 S1과 변화한 S2 사이에 양적이며 동질적인 △S를 도입하는 것이 불가능하다. 의식이 주는 질적인 차이를 그대로 인정하는 한, 크기를 가진 양적인 차이가 드러날 리는 없다. 그런데도 페히너는 감각 S1과 S2 사이에 중간 부분이 있다는 것을 믿는 잘못을 범했다.

그런데 이러한 종류의 잘못은 모든 정신물리학에서 공통적이다. 그것은 대비를 차이로, 자극을 양으로, 돌연의 비약을 동등의 요소로 바꾸어, 이 세 인자를 결합하면 서로 동등한 양적 차이에 도달한다고 믿는다HBO, pp.47-48; ED, p.51. 그리고 순수하게 질적인 것을 단지 양과 기호로만 해석하려고만 한다. 그래서 두 가지 감각 사이의 관계를 함수화함으로써 두 감각 사이에 삽입될 수 있는 감각을 많든 적든 인정하는 것이다. 그러나 베르그송은 확장이 없는 것과 있는 것 사이에, 질과 양 사이에 접촉점은 없다고 한다HBO, p.48; ED, p.52. 그러므로 정신물리학이 제시한 것과 같이 양에 의해 질을 해석하고 양과의 등가물等價物로 취급할 수는 없다. 따라서 베르그송은 이러한 정신물리학이 양으로 질을 해석하기 위하여 적당한 약속을 도입한 것에 불과한 잘못된 학설이라는 것이다.

결국 베르그송은, 순수지속으로서 우리의 의식은 결코 정신물리학이 주장하는 바와 같이 계량하는 것이 아니다. 그것은 양적인 변화를 하는 것이 아니라 오직 질적인 변화를 하는 것이라고 주장한다.

## 6
### 시간과 지속

베르그송은 과학과 형이상학, 지성과 직관 사이의 관계에 대해 재정립하면서, 순수한 지속으로서의 직관만이 절대적이고 참된 생명에 도달할 수 있다고 보았다. 그래서 직관의 사용에 의해서만 생명 그 자체로 사유 가능성을 확장하는 것이

비로소 가능해진다고 강력하게 주장하였다. 또한 그는 지성에 대한 비판적 시각 때문에, 사물들에 대해 단지 추상적으로만 연관을 맺을 수 있는 개념을 거부하기 위하여 상징과 은유를 빈번히 사용하였다. 더 나아가 그는 『창조적 진화』의 제3장에서, '걷는 것'으로부터 '수영하는 것'이 추론될 수 없는 것과 마찬가지로 사유 그 자체만으로는 인간으로 하여금 결코 수영할 수 있도록 만들 수 없다고 하였다. 수영할 수 있도록 하기 위해서는, 먼저 사람이 자신의 몸을 물속에 던져야 하며, 그래야만 사유가 수영을 숙고하는 것이 가능해진다는 것이다. 그러므로 지성은 순수한 정신적 활동이 아니라 실제적인 능력이다. 그것은 인간이 생존을 위해 발명, 또는 생산해 낸 것이다. 그러나 만약 형이상학이 잘못된 문제에서 벗어나려는 것이라면 지성의 추상적 개념으로 순수한 사변을 확장하지 말고 지속으로서의 직관으로 확장해야만 한다는 것이 베르그송의 생각이다.

하지만 베르그송이 말하는 지속의 의미는 간단히 정의할 수 없다. 왜냐하면 지속의 의미는 베르그송 자신도 끊임없이 그의 철학에서 참된 의미를 추구하고 있는 탐구의 대상이지 이미 정의되고 개념 규정된 대상이 아니기 때문이다. 즉 베르그송 철학 자체가 바로 지속의 철학이다. 그러므로 이제부터 우리가 살펴보아야 할 것은 이 지속의 의미이다. 이제 베르그송의 지속을 그가 비판하고 있는 일상의 물리적 시간temps과 대비시켜 보기로 하자.

베르그송에 의하면 일상생활에서 사용되고 있는 과학이 말하는 추상적 시간이란 공간화 된 시간, 즉 양화된 시간에 불과한 것이지 참된 시간, 즉 지속은 아니다. 한 예로 물리학자가 행하는 실험을 생각해보자. 어제의 실험결과가 오늘의 실험결과와 똑같다고 하여 물리학자는 두 개의 실험을 동일한 것으로 간주한다. 그런데 베르그송에 의하면 양자 간의 양적인 사실은 겹쳐지지만, 질적인 차이까지 겹쳐진다고 생각하는 것은 물리학적 조작에 의한 것일 뿐이다HBO, pp.676-679; DI, pp.214-217.

우선 양자 사이에 같을 수 없는 가장 큰 차이는 양자 사이의 흘러간 시간이다. 첫 번째 실험과 두 번째 실험 사이에 변화를 일으키지 않은 것은 하나도 없다. 모든 것은 지속하며, 지속한다는 것은 곧 변화를 의미하기 때문이다. 그런데 물리학자들은 이 양자 간의 질적인 차이 즉 지속과 변화를 인정하지 않는다. 그러므로 베르그송에 의하면 과학이 두 실험에 동시에 적용하는 시간의 개념은 인위적으로 조작된 추상적인 시간이다. 그리고 이때의 시간은 동질, 동속의 시간으로 간주된다. 그런데 이 문제에 대해 칸트는 그 이외에 다른 흐름이 없으며 역으로 흐를 수 없는 유일한 직선과 같은 시간을 상정함으로써 물리적 시간에 힘을 부여했던 것이다HBO, p.151; cf. I. Kant, *Kritik der reine Vernunft*, 1956, p.74.

칸트는 『순수이성비판』에서 시간과 공간을 우리 표상의 동등한 형식이라고 주장했다. 그리고 칸트에게 공간이란 객체로 받아들여질 수 있는 점들의 등질적인 총체에 지나지 않는다. 그러므로 이런 공간 안에서 시간은 공간 안에서의 서로 다른 두 점, 즉 서로 다른 두 위치 사이의 이동에 지나지 않으며, 그것의 측정값일 뿐이다. 즉, 이러한 시간은 시침과 분침 또는 초침이 움직여 간 공간상의 점들과 그 점들 사이의 거리로 환원되어 버린, 공간화된 시간에 불과하다. 다시 말해, 이때의 시간이란 순간들이 모여서 재구성하는 순간들의 집합으로서의 시간에 불과한 것이다HBO, p.780; EC, p.337. 그래서 베르그송은 칸트가 지속과 공간 안에 분산된 시간을 구분하지 못하였다고 비판한다.

또한 베르그송이 보기에, 이성적이고 분석적인 자연과학은 바로 이러한 공간과 그 부분을 받아들였을 뿐이다. 그러나 이렇게 공간화된 시간은 단지 "실용적으로 사용되는fragmentierte" 시간일 뿐이다.

칸트는 무시간과 순간으로 분산된 시간 사이에 중간물을 인정하지 않는다. … 그런데 공간 내에 분산된 물질적 존재와 형이상학의 독단이 말하는 개념적이고 논리적일 수밖에 없는 무시간적 존재와의 중간쯤에 의식이나 생명이 차지할 장소가 없을까? 물론 틀림없이 있다. 우리가 순간에서 출발하여 그 순간을 지속으로 연결하려 하지 않고, 반대로 지속 안에 자리 잡고서 거기에서 순간으로 가려고 하면 우리는 즉시 그것을 깨닫게 된다HBO, p.800; EC, p.361.

그러나 여기에 반해서 "과학이 말하는 추상적인 시간 t는 어떤 일정한 수nombre의 동시성simultaneite에 의해서만 구성된다.

또 그 대응을 상호 분리해 놓은 간격의 성질이 어떠하든 그 수 數에는 변동이 없는 그러한 것이다"HBO, p.501; EC, p.9. 그러므로 물리학자들이 시간의 문제를 다루기 위하여 도입한 운동의 개념도 순수지속의 운동성과는 다른 의미를 지닌다. 물리학자들이 시간의 대변자로 택한 이 운동은 운동체가 등속적等速的으로 궤도 위를 움직이는 것을 추상적으로 상정한 것이며 HBO, p.780; EC, p.336, 결국은 공간상의 점 1, 2, 3을 의미할 뿐이다. 그리고 여기서 말하는 시간은 사실상 궤도 상의 위치로서 점 t1, t2, t3를 나타내는 것일 뿐, 시간의 흐름 그 자체는 아니다. 그리고 물리학자들이 상정한 현상의 계속이라는 의미에서 시간의 단위는 임의로 정해진 것이라는 점에서 상대적인 것에 불과하다HBO, p.780; EC, p.337.

베르그송에 의하면 시간 그 자체는 무엇보다도 살아 있는 것이며, 공간처럼 각각의 독립적인 단위로 분할할 수 있는 것이 아니며, 본질적으로 분할 불가능한 "움직임(또는 운동성) 그 자체"이다. 그러므로 내 의식에 나타나는 시간은 체험적인 것이며HBO, p.502; EC, p.10, 절대적인 지속이다HBO, pp.781-782; EC, p.338. 따라서 참된 의미의 시간이란 바로 이 지속이다. 즉 "심적인 삶은 시간이 바로 그 실질을 이루고 있다. 그리고 이때의 시간은 공간화한 물리적 시간이 아니다. 과거가 미래를 잠식하고 불어 나가면서 전진하는 연속적인 전진으로서의 지속을 의미한다"HBO, p.497-498; EC, p.4.

그러므로 지속으로서의 시간은 불가역적irréversible이다HBO, p.499; EC, p.6. 물론 물리적 시간을 상정하는 사람도 시간의 흐름을 되돌릴 수 있다고 생각하지는 않는다. 하지만 물리적 시간은 부단한 흐름을 각 순간들로 나눌 뿐 아니라 동일한 행위가 두 번 이상 반복될 수 있다고 보는 오류를 범하고 있다.

한편 고대철학이 말하는 형상이나 이데아는 바로 이 지속으로서의 시간에서 독립한 영원永遠이다. "움직이지 않는 영원 속에서 지속이나 생성은 저락低落에 지나지 않게 된다. 형상은 시간과 독립된 것으로서, 지각 속에 수용되는 것이 아니다. 그것은 하나의 개념이다. 그리고 개념적인 차원의 사상事象은 지속도 갖지 않거니와 동시에 연장도 점유하지 않으므로, 형상은 시간의 상공에 떠돌듯이 공간의 밖에 위치한다. 따라서 고대 철학에서는 공간과 시간이 필연적으로 동일한 기원과 동일한 가치를 갖게 된다"HBO, p.764; EC, pp.317-318. 그래서 고대철학자들은 이론적으로 시간을 등한시할 수 있었다. 자기본질의 저락에 지나지 않는 것이 물체의 지속이기 때문이다HBO, p.785; EC, p.343. 그러므로 플라톤의 이데아와 마찬가지로 아리스토텔레스의 형상도 불변하는 영원으로 상정된 것이었다. "형상은 지속의 계속에서 취한 순간들이고 그것들을 시간과 연결해 주는 실이 절단되었으므로 형상은 지속하지 않는다"HBO, p.763; EC, pp.316-317. 그래서 베르그송은 정신이 개념 속에 유리遊離시키고 저장하는 형상이란 변화하는 사물의 모습을 밖에서 사진 찍은 것에 불과하다고 주장한다.

불변하는 무시간적인 영원에 관심을 두는 고대과학과는 달리 근대과학은 시간에 대해 높은 관심을 보인다. "고대과학과 근대과학의 결정적 차이는 근대과학이 시간을 독립 변수로 간주한다는 점이다"HBO, p.779; EC, p.335. 즉 "고대과학이 어느한 순간을 핵심으로 보고 그 순간에 멈추어 버리는 것이라면 근대과학은 매 순간마다 대상을 관찰하는 것이라고 할 수 있다"HBO, p.784; EC, p.341.

그러나 근대과학이 측정의 대상으로 삼는 매 순간마다 운동체의 변화는 '운동 그 자체'가 아니다. 이는 달리기 선수의 달리기와 그것을 기록한 필름의 차이와 같은 것이다. 따라서 근대과학이 내세우는 시간도 공간화하고 운동체의 위치로 환원된 시간에 불과하다. 다만 고대과학이나 철학이 단 한 장의 사진을 보는 것이라면 근대과학적인 사고는 활동사진, 다시 말해서 영화를 보는 것이라 말할 수 있다. 영화는 끊어지지 않은 자연스러운 동작을 보여주는 것 같지만, 사실은 수많은 사진, 정지된 화면의 연결일 뿐이다. 그것처럼 마치 근대과학자들은 부단한 흐름이며 부분으로 나눌 수 없는 전체로서의 시간을 수없이 분할된 공간상의 점들로 공간화할 수 있다고 믿는 것이다HBO, p.725; EC, p.338.

따라서 베르그송의 입장에서 보면 지속의 의미를 배제한 시간은 공간화한 인위적인 조작에 의한 시간에 불과하다. 흐르는 물 위에 놓여 있는 다리를 보고, 이 다리가 바로 강물(의 흐름)이라고 주장하는 것과 같은 것이다. 지속적이며 예견불능하며 공간화할 수 없는 지속을 공간화해 버리는 것이다. 이것이 문제인 이유는 무엇보다도 살아 있는 것, 즉 창조적 진화가 이루어지는 생명의 영역에 절대적으로 유효한 지속의 개념을 파괴하기 때문이다. 베르그송에 의하면 진화는 지속이다. 그래서 그것은 또한 창조이다. 지속으로서의 진화는 결코 분할될 수 없는, 멈춤과 단절이 없는 새로운 것의 창조이기 때문이다.

그런데 베르그송에 의하면, 지속으로서 창조적 진화의 끝에 서 있는 우리 인간에게 있어 가장 가까이 놓여 있는 지속은 바로 우리의 의식, 곧 자아라고 한다. 우리의 의식이 순수지속이라는 의미는 무엇인가?

7
**자아와 기억**

베르그송에 의하면 우리에게 지속하는 실재로서 직접 주어진 것이 바로 우리의 자아이다. "내가 나의 자아의 문제를 살펴볼 때 가장 먼저 알 수 있는 것은, 내가 한 상태에서 다른 상태로 옮겨가고 있다는 사실이다. 감각, 감정, 의욕, 표상, 그러한 양태가 나를 채색해 주고 있다. 따라서 나는 끊임없이 변한다"HBO, p.781; EC, p.338. 즉, "나의 심상心狀은 시간이라는 길을 걸어가면서 끊임없이 나의 심상이 거두는 지속과 더불어 팽창해 간다. 말하자면 자기 자신이 눈 위를 구르는 눈사람처럼 하고 있다"HBO, p.496; EC, p.2. 만약 "한 가지 심상이 변화하기를 그친다면 그의 지속 역시 흐르지 않을 것이기 때문이다"HBO, p.495; EC, p.2.

그래서 베르그송은 "사실reality은 우리가 끊임없이 변하고 있다는 것이며, 하나의 상태란 그 자체가 곧 변화"HBO, p.496; EC, p.2라고 하여, 우리의 자아는 그 자체가 살아 있고vita 변화 가능한mutable 순수지속이라고 한다. 그러나 무엇보다도 중요한 베르그송의 견해는 우리의 자아를, 각 부분이 내적으로 상호 분리 불가능하게 연결 지어진 전체totalité로 본다는 점이다. 이는 우리의 자아가 분리 가능한 수많은 관념의 연합이요 총체라고 보는 당시 심리학자들의 일반적인 견해와 크게 다른 점이다.

물론 베르그송이 분리 가능하며, 지속이 정지해 있는 것과 같은 독립된 관념이 전혀 없다고 주장하는 것은 아니다. 다만 그것은 우리의 심리적 삶이 주의력에 의하여 불연속 상태일

때 생겨난다HBO, p.496; EC, p.3. 그리고 주의력에 의해 불연속적으로 분산된 사건들과 거기에서 생겨나는 관념들은, 그것에 주의력을 기울이고 있는 우리의 심적 존재 전체의 끊임없이 움직이는 총체la masse fluide를 결코 대체할 수 없다HBO, p.497; EC, p.3. 다시 말해, 비록 우리의 주의력은 한 상태를 다른 상태와 병치시키는 성질을 가지고 있지만, 이 방법으로 얻어지는 것은 내적 삶의 인위적인 모조품이며, 시간성이 배제된 정태적인 등가물等價物에 불과하다HBO, p.497; EC, p.4.

그러므로 이렇게 분리와 연합이 가능한 것으로서의 자아는 피상적인 자아la moi superficiel일 뿐이다. 베르그송에 의하면, 피상적 자아는 공간화함으로써 다수성과 동질성을 갖게 된 것이며, 정확하고 명료하지만 타성적인 비인칭성을 갖게 된다. 따라서 심원한 자아le moi profond와 구별되어야 한다HBO, pp.85-92; EC, pp.96-104.


깊은 의식의 상태는 … 양과는 상관없는 순수 질이다. 이 상태는 단일성이나 복수성이냐를 말할 수 없을 정도로 혼합되어 있으며, 지성의 관점에서 그것들을 파악하려고 하면 즉각적으로 변해버린다. 그러므로 깊은 의식의 상태는 여러 순간에 의해서 수적 다수성을 구성하는 것과는 다른, 바로 지속이다HBO, p.91; EC, p.102.

그러므로 베르그송은 정신의 근본적인 기능을 단지 새로운 관념들을 이미 정신에 들어와 있는 관념들과 기계적으로 접속시키는 연상과 연관 작용에 두는 연상심리학에 반대한다.

베르그송에 의하면, 연상 또는 관념의 연합은 단지 지성적인 생활에서 중요하지 않은 관념들을 분해하고 제거하는 기능에 불과하다. 다시 말해 비교되는 두 가지 관념 사이에서 동일한 요소만을 추출抽出하고, 그렇지 않은 것을 제거해 버림으로써, 정말 살아 있는 고유한 특성은 다 제거해버리고 남은 찌꺼기로서 죽어버린 공통성을 찾아내는 것이 연상심리학에서 말하는 연상 작용이다.

하지만 끊임없는 지속으로서 우리의 의식이 받아들이는 경험은 결코 서로 비교해서 동질적인 요소만을 남길 수 있는 그런 것이 아니다. 베토벤의 심포니 9번 「합창」을 어제도 듣고 오늘도 들었다고 해서, 어제의 감상과 오늘의 감상이 '같다'고 말할 수 없듯이 그것은 서로 다른 경험이며 각기 고유한 것이다. 그것은 "과거가 기억memoire에 의해서 잔존하기 때문에 우리의 의식이 동일한 상태를 두 번 반복하여 통과한다는 것이 불가능하기 때문이다"HBO, p.499; EC, p.5.

만약 우리가 연상 심리학자들이 가정하듯 동일한 상태를 두 번 반복하려면 이제까지 계속되어온 기억을 지워버려야 한다. 그러나 "엄밀히 말하면 그 기억을 지성으로부터는 지워버릴 수 있을지 몰라도 의지로부터 삭제할 수는 없다"HBO, p.499; EC, p.6. 내가 지금 바라보고 있는 책상에 대한 나의 경험은 어제 내가 그것을 바라보았을 때와 결코 같은 것이 아니다. 지속으로서의 우리 자아 자체가 부단히 변화하고 있으며, 이미 작용하고 있는 기억이 과거로부터 현재 속으로 무엇인가를 밀어 넣어주고 있기 때문이다. 그래서 베르그송은 지성적인 사고에 어울리는 습관적이고 외면적이며 일상의 생활에 알맞은 피상적 자아와 순수 지속으로서의 심원한 자아를 구분했다. 그리고 이 각각은 습관적 기억la memoire-habitude과 순수 기억la memoire-pure에 연관 지어진다.

베르그송에 의하면 습관적 기억은 반복 효과에 의해서 공통적인 것만을 보전하고 있다. 또한 그것은 반복 때문에 점차 비인격적인 것이 되고 공간화함으로써 우리 과거의 삶에 낯선 것이 되어버린 기억이다. 따라서 질적인 고유성을 잃어버린 것이다. 하지만 이와 다르게 일회적이며, 고유하고 매번 새로운 기억이 있다.

한 예로, 어떤 지휘자가 어떤 악보의 연주 속도를 ♩=88로 지휘했다고 치자. 감상하는 사람은 과거에 들은 다른 연주와의 연상 작용으로 그 속도를 비교할 수는 있다. 그러나 지휘자에게 그 속도란 대부분 과거 전체의 경험과 그의 인격이 그렇게 하도록 한 것이지, 다른 연주와의 연상 작용에 의한 개별적인 비교를 통해 그렇게 연주하는 것은 아니다. 그리고 감상자에게 있어서도 ―그가 진정으로 음악에 몰입하였다면― 곡을 연상 작용으로 비교해가며 듣는 것이 아니라, 그 연주가 전해주는 바를 전 인격적으로 공감하며 듣는 것이다.

그러므로 연주가 되풀이되어 반복된다고 하더라도 ―같은 장면을 수백 번 수천 번 다시 만들어낼 수 있는 사진과는 달리― 매번의 연주가 각각 고유한 생명을 지니며, 반복 불가능하고 일회적인 것이 된다. 그러므로 하나의 악보를 연주하는 기능은 습관적으로 반복된 기억에 의존하는 것이지만, 실제의 연주는 그의 전인격과 전체의 과거가 반영된 순수 기억의 결과이며, 단 한 번의 전혀 새로운 기억으로 남겨지는 것이다. 이것이 바로 순수기억이다.

베르그송은 우리의 뇌 기관이 이러한 순수기억을 무의식 속에 밀어 넣고 이따금 보여주지만, 과거는 자력自力으로 고유한 의미를 지닌 채 보존된다고 보았다. 그런데 베르그송에 의하면, 우리의 뇌는 우리의 과거가 현실화하는 장소이지, 과거의 모든 기억이 뇌의 물질성에 얽매이는 것은 아니다. 뇌는 삶에 대한 주의기관organe de l'attention à la vie으로서, 필요한 전화를 연결하거나 대기시켜주는 전화 교환대와 같은 것이다. 이런 사실은 실어증失語症 환자와 기억상실증 환자에 대한 연구를 통해 검증된다.

물론 우리가 사고하는 데에 우리의 과거는 일부밖에 개입되지 않는다. 하지만 우리가 욕구하고 의지하고 활동할 때에는 우리 자신의 전 과거全過去와 함께, 천성적으로 영혼의 성향조차도 참여하고 있다. … 그러므로 비교적 적은 부분만이 표면에 나타날지 모르지만, 우리의 과거는 그가 지닌 추진력으로 인하여, 경향이라는 모습을 띠고 남김없이 우리에게 나타난다HBO, p.499; EC, p.5.

순수 기억으로서의 과거는 순수한 질이며 지속이다. 그리고 이 순수 기억이야말로 우리 자신의 삶에 대한 참된 기억의 이미지image-souvenir이다HBO, pp.235-244; MM, pp.96-107. 우리의 자아가 바로 순수 지속이며, 우리의 삶은 과거가 미래를 잠식하고 불어나면서 전진해가는 연속성으로서의 지속이기 때문이다. 그러므로 우리의 삶은 기억의 연속이다. 만약 우리의 삶이 지속으로서 과거로부터 현재 속으로 무엇인가를 밀어 넣는 것이 아니라면 우리에게는 "현재밖에 없을 것이고, 현재에 이르는 과거의 연장延長도 진화도 구체적인 지속도 없을 것이다"HBO, p.499; EC, p.5.

그러므로 우리는 이렇게 말할 수 있다. 과거는 지속으로서 우리 자신의 삶 그 자체이며, 기억에 의하여 부단히 현실화하고 있다. 그리고 현재란 부단히 과거가 되어가고 있는 지속이요 변화이다. 이것은 '자아가 존재한다'는 의미가 자아가 지속으로서 '끊임없이 변화하고 있다'는 것에서 기인한다. 그래서 베르그송은 "내적인 삶이란 질적인 다양성, 진화의 연속성, 방향의 통일성이 하나로 되어 있는 것"HBO, p.1399; IM, p.187이라고 한다. 그럼 현재는 있는가? 미래는 어떤가?

# 8
## 현재화하는 과거와 예견불능의 미래

여러 번 반복한 것처럼 베르그송에게 있어 자아는 순수지속이다. 그리고 지속은 변화, 생성으로서 부단한 흐름이다. 따라서 지속은 과거의 시간으로 되돌릴 수 없고 불가역적不可逆的이다. 물리적 시간은 그것을 마치 되돌릴 수 있는 것처럼 상정할 수 있으나, 지속으로서의 시간에는 불가능하다. 또한 기억 때문에 과거로 되돌린다고 말하는 것도 불가능하다. 그것은 과거가 현재화하는 것이지 현재가 과거로 옮겨가는 것이 결코 아니기 때문이다. 따라서 현재란 부단히 과거가 되어가는 것이고, 과거는 기억 때문에 현재화하는 것이다.

여기와 비교하면 미래가 갖는 가장 큰 특징은 예견불가능성imprévisibilité이다HBO, p.499; EC, p.6. "예견한다는 것은 과거에 느꼈던 것을 미래에 투영하는 것이거나, 아니면 후일을 위하여, 다른 순서에 의하여 이미 지각되었던 요소들을 새로운 집합으로 표상해보는 데 있다. 그러나 한 번도 지각되지 않았던 단순한 성질의 지속은 필연적으로 예견 불가능한 것이다. … 우리의 상태 하나하나를 유전流轉하는 역사의 한 형태로 보는 경우, 그 단순하고 불가분한 상태의 순간순간은 지각된 것을 남김없이 포함할 뿐 아니라, 그 위에 현재가 덧붙이는 것까지도 함께 응축하고 있기 때문에, 모든 추상적인 것에 구체적인 요소를 제공하는 단순하고도 불가분한 상태를 예견한다는 것은 불가능하다"HBO, p.499; EC, p.5.

물질에는 역사가 없으며, 같은 것의 반복이 얼마든지 가능하다. 하지만 생명체인 "우리는 변화하고 있으며, 이 변화는 성숙을 의미하고, 성숙은 한없이 자신을 창조하는 데 있다" HBO, p.500; EC, p.7. 그리고 특히 인간에게 있어서 "자아가 자기 자신에게로 돌아감에 따라, 서로 병치하는 것을 그만두고, 서로 침투하고 함께 융합하며 하나하나가 다른 모든 상태의 빛깔로 물들게 된다. 그리고 이런 방식으로 우리 한 사람 한 사람은 자기 나름의 고유한 방식으로 사랑하고 증오도 하게 되는데, 사랑이나 증오는 그의 인격 전체를 반영하는 것이다" HBO, p.108; ED, p.123. 그러므로 "관념연합설의 입장에서는 자아를 감각, 감정, 관념들, 의식 여러 사실의 집합체로 귀착시키지만, 실제는 인격 전체가 존재한다. 그리고 이 내적 상태 전체의 외적 표현이야말로 바로 자유로운 행위이다" HBO, p.109; ED, p.124.

그러므로 베르그송이 말하는 예견불가능성imprévisibilité은 미래의 개방성이며, 부단한 창조이고, 자유로운 행위이다. 이것은 결정론자들과 숙명론자들이 말하고 있는 '닫혀 있고 이미 결정된 미래'와 반대된다. 또한 '이미 정해진 목적과 목표를 향해 계획된 그대로 진행되어간다'고 보는 목적론적인 사고방식과도 반대된다.

그러나 예견불가능성이 절대적 신 또는 초월자가 구상한 우주 역사의 위대한 계획에 대해 무지無知, 또는 불가지不可知를 의미하는 것은 아니다. '변화하고 성숙하고 스스로 창조해가는' 생명체 특히 인간에 대한 그의 생각은 테야르와 화이트헤드의 그리스도교적 사상과 같은 선상에 있다. 테야르는 '진화'와 '창조'의 상반되는 문제를 '진화되도록 창조된 우주'의 개념으로 승화시키며 그 궁극점을 예수로 보았다. 화이트헤드는 합리적 세계의 근원으로서의 비합리적 신에 대한 믿음을 자신의 과정철학 안에서 드러내 보였다. 이와 마찬가지로, 베르그송도 결국에는 '인간을 창조하며 인간에게 자유의지를 부여한 신'에 대한 그리스도교적 교리의 울타리를 벗어나지 않았다. 그러므로 베르그송은 결국 가톨릭교회의 일원이 되기로 결심한 것이다.

어쨌든 베르그송의 자유론 또는 자유의지론에 반대되는 결정론에는 물질적 결정론le déterminisme physique과 심리적 결정론le déterminisme psychologique 두 가지가 있다. 전자는 물질에 관한 역학이론力學理論 또는 동력학動力學과 밀접하게 관련이 있고, 후자는 라이프니츠의 예정조화설과 관련되어 있다. 그런데 이러한 결정론적 사고는 현재에도 강한 영향력을 발휘하고 있다. 즉, '이미 주어진 설계'에 대한 주장은 오늘날 '유전자 프로그램genetic program'같은 설명에 여전히 남아 있으며, 이것은 과거 라이프니츠의 예정조화설에도 포함된 목적론적 사고방식을 받아들인 것이다.

그러나 베르그송은 어떤 목적론도 '지속'에 관해 제대로 설명해줄 수 없으며, '생명의 계속되는 창조'의 문제에 대해서도 올바른 답을 제시할 수 없다고 보았다. 목적론은 단지 생명의 시작단계에 미리 규정지어진 설계에 따른 점진적인 발전으로만 생명을 설명할 수 있을 뿐이라는 것이다. 그러므로 베르그송의 삶의 철학, 곧 생명주의 철학은 그와 동시대에 널리 퍼져 있었던 기계론적이고 결정론적인 철학사상에 대한 답변이라고 볼 수 있으며, 목적론의 오류에 대한 답변이기도 하였다고 평가된다.

결국, 베르그송은 사전에 미래를 설계하는 것은 불가능하다고 간주하였다. 미래는 예견불능이기에 사전예측으로서의 설계가 불가능하다는 것이다. 순수지속으로서의 시간 그 자체가 예측 불가능한, 전적인 '가능성'이기 때문이다. 실제로 우리는 언제나 가능성의 조건들에 의해서 어떤 하나의 역사적 사건을 회고적으로 설명할 수는 있다. 그러나 『사유와 운동』의 서문에 의하면, 그것은 원인과 이유causes에 의해 만들어진 사건이라는 것이다. 그러나 발생하는 역사적 사건 자체는 마치 어떤 한 지휘자가 이미 만들어진 악보로 교향악단을 지휘할 때, 만들어지는 음악이 어떤 것이 될지 예측할 수 없는 것처럼, 예측할 수 없다. 그런데 기계론과 목적론은 결과를 예측할 수 있다고 보는 것이며, '이미 주어진' 결과가 '미래에' 실현될 뿐이라고 주장한다. 하지만 이것을 베르그송의 말대로 하면, 결과가 원인을 만들어 내는 것the effect created its cause일 뿐이다. 그렇게 된 것을 보고 그렇게 되게 되어 있었다고 주장하는 것과 같이 어리석은 표현일 뿐이라는 것이다.

그러므로 베르그송은 기계론과 목적론 이외에 제3의 길을 찾으려고 시도하였다. 그것이 바로 근원적인 충동, 곧 생명의 약동élan vital(또는 비약)이다. 생명의 약동은 생명 안에서 진화를 통하여 상반되는 경향 안으로 분산되어간다. 그는 목적론에서 말하는 목표에 대한 결정론적인 주장에 대해 충동衝動, implusion 내지는 약동에 의한 자유로운 발산이라는 주장을 통하여 자유와 가능성의 개념을 대체시킨다.

# 9
## 물질과 생명

인간과 인간의 의식, 곧 자아를 양量적인 변화가 아니라 질質적으로 변화하는 지속으로 파악한 베르그송의 철학은 자아의 문제에 대한 관심을 벗어나 우주론적인 차원에서 생명의 문제로 확장된다. 그리고 이것은 지속철학의 자연스러운 진행방향이라고 할 수 있다. 왜냐하면 지속은 무기물질의 세계가 아니라 살아 있는 것들의 세계에 적용되는 것이기에, 살아 있는 생명체는 모두 지속한다고 할 수 있어야 한다. 그렇다면 생명이란 무엇이냐는 자연스러운 반문에 지속의 철학이 어떤 답변을 주어야 할 것이기 때문이다.

그래서 그의 철학은 자아 문제 자체에만 관심을 둔 프랑스 철학의 유심론적 경향에만 머물지 않는다. 또한 그의 관심이 인간의 삶에만 관심을 국한한 다른 삶의 철학자들과 다르다는 점은 『창조적 진화』에서 가장 잘 보여주고 있다. 그는 여기에서 생명일반의 의미, 식물과 동물과 인간, 그리고 종種과 개체로서의 유기체, 그리고 그것들의 진화에 대해 지속의 의미를 바탕으로 설명하고 있다.

베르그송에 의하면 물질과 생명은 서로 반대되는 것이다. 물질에는 역사가 없다. 그것에는 지속으로서의 시간이 없기 때문이다. 즉, 중첩되는 시간의 흔적들이 없으므로 같은 것의 반복이 가능하다. 그러므로 물질적인 상태는 얼마든지 반복될 수 있다. 물질은 생명과 서로 반대이다. 물질은 에너지를 확장할 뿐이며, 생명은 에너지를 승화시킨다. 또한 이 두 가지 존재영역은 서로 다른 인식의 형식에 속해 있다.

공간과 비유기체적인 물질은 분석적인 오성의 영역에 알맞은 것이며, 순수 지속으로서 생명은 직관이라는 철학적 방법을 통해서만 파악할 수 있다. 과학이 비유기체적인 자연에 대해 사용하는 기술技術과 일상적인 인식의 형식은 모두 오성의 영역에 속하는 것이며, 분석적인 방법에 속한다. 즉, 그것은 물질을 측정하는 도구의 역할을 하는 것이다.

이와 반대로, 생명에 관한 학문과 철학은 다른 방법론이 있어야 하는데, 그 이유는 살아 있는 생명을 살아 있는 그대로 이해하기 때문이다. 그리고 생명은 지속하는 종에 속하는 사물, 즉 생명체의 움직임, 곧 운동에 자신을 내맡기고 흐름(또는 진행, 또는 과정)을 파악하는 직관을 통해서만 이해될 수 있다.

베르그송에 의하면 생명은 하나의 단순한simple 움직임이다. 즉 생명 일반은 운동성 그 자체이며 생명의 본질은 생명을 전하는 운동 속에 존재한다. 그러므로 생명을 가진 유기체로서 생물은 생명과 물질의 타협인 것이며 생명이 통과하는 '곳'이다. 그래서 "생명이란 유기체를 중계로 해서 하나의 배자胚子, germe에서 다른 배자로 옮겨가는 흐름과 같은 것으로 보인다" HBO, p.517; EC, p.27고 한다.

베르그송도 생명체가 일종의 기계장치une espèce de mécanisme 라는 것을 인정한다HBO, p.520; EC, p.31. 그러나 이때 기계장치 라는 의미는 생물, 즉 생명체의 유기조직이 일관된 작업을 통하여 제품을 생산해내는 하나의 독립된 공장과 유사한 작업을 수행함으로써 생명을 유지하고 있다는 것을 의미한다. 하지만 그것이 곧 생명 그 자체라는 것을 인정하진 않는다. "생명은 물리적 화학적 힘과 접선을 이루고 있지만, 곡선이 직선들의 합성물이 아니듯 생명 또한 단지 물리·화학적인 요소만으로 된 것은 결코 아니다"HBO, p.521; EC, p.31. 즉 고유한 생명

활동에 포함되는 물리·화학적 요소를 적분하더라도, 생명활동은 일부밖에 측정하지 못한 채 일부는 부정으로 남게 된다는 것이다.

그러므로 생명이란 유물론적 사상가들이 주장하는 바와 같이 물질에 의해 좌우되는 것이 아니라 '생명은 물질이 내려가려는 언덕길을 거슬러 올라가려는 노력'HBO, p.703; EC, p.246이며, '물질에 불확정성을 삽입하려는 것'HBO, p.602; EC, p.127이다. 즉 "생명이란 무엇보다도 무생물에 작용하는 경향이다"HBO, p.577; EC, p.97.

그렇지만 베르그송이 물질과 생명이 절대적으로 분리된다고 보는 것은 아니다. 생명도 결국에 비유기체적인 물질로 환원하며, 물질은 지니고 있던 에너지를 사용하도록 생명에 넘겨주기 때문이다. 그러므로 우주론적인 차원에서 보면 물질과 생명 모두가 지속에 참여하고 있다고 말할 수 있다고 한다. 따라서 생명이 물질과 섞여 있는 동안 충동력implusion 내지는 약동으로 비유될 수 있다. 그리고 생명 그 자체의 입장에서 보면 측정 불가능한 잠재력이며 수백 수천의 경향이 서로 잠식해 있다. 그리고 서로 잠식된 경향이 수백 수천의 경향으로 분기하는 것은 그것들이 물질과의 접촉 때문에 외부화, 공간화한 이후이다HBO, p.714; EC, p.259. 그러므로 생명이 개체 및 종으로 갈라지는 원인도 "생명이 무기물질 쪽으로부터 받는 저항과 생명이 자기 속에 지니고 폭발력 때문이다"HBO, p.577; EC, p.97.

그리고 이러한 작용의 방향은 목적론자들이 말하듯이 미리 정해져 있는 것이 아니다. 생명은 진화하는 도중 예측할 수 없는 다양한 형태로 산포한다. 즉 생명은 일종의 경향이지만 경향의 본질은 다발모양으로 전개하므로, 그것이 커지면 부채꼴 모양으로 방향을 넓혀 생명의 약동을 여러 방향으로 나누기 때문이다HBO, p.579; EC, p.100. 그래서 베르그송은, "진화의 도정에서는 분기의 현상이 무수히 일어났지만, 두세 개의 간선도로(식물과 동물)를 빼놓고는 막다른 골목길이었던 것으로 보인다" HBO, p.580; EC, p.101고 한다. 이 지점에서 베르그송은 아리스토텔레스와 견해를 달리한다.

아리스토텔레스는 광물, 식물, 동물, 인간을 단계적으로 분명히 구분하여 광물은 식물이 가지고 있는 생명 활동의 최하 단계인 신진대사 능력을 갖추고 있지 못하며, 식물은 동물이 가지고 있는 운동성을, 동물은 인간이 가지고 있는 이성을 가지고 있지 못하다고 본다.

그러나 베르그송은 이러한 단계적 구분이 그릇된 진화론, 목적론, 기계론이며 자연 철학을 해쳐온 오류 중의 오류라고 한다. 즉 생명력이 원초에는 모든 경향이 혼합되고 잠식된 카오스 같은 것이었는데, 그것이 무수한 과정과 다양한 생명력의 전개 속에서 각기 두드러진 특성으로 나뉘었다는 것이다. 식물생활, 본능생활, 이성적 생활은 하나의 활동이 성장하면서 분열한 세 가지 방향인데, 아리스토텔레스 이후 사람들은 그것을 하나의 경향이 발전하여 차례를 이루는 세 가지 단계처럼 보아왔다HBO, p.609; EC, p.136. 그리고 이러한 삶의 차이를 "강도의 차이도 아니고 보다 일반화한 정도의 차이도 아닌 근본적으로 서로 다른 본질적인 차이"로 보았다HBO, p.608; EC, p.108.

그러나 베르그송은 진화의 서로 다른 가지가 본질적인 차이를 가지고 있었다고 보지 않는다. 물론 베르그송도 무수한 가지가 뻗어 나온 나무에서 세 개의 가지(식물, 동물, 인간)가 살아남고 다른 가지는 병들거나 잘리거나 해서 더 이상 자라지 않았다고 본다. 그러나 그것은 필연이 아니다. 생물의 진화과정이 지금과 같지 않을 수도 있었다. 그리고 베르그송에 의하면 진화는 동일한 단 하나의 경향이 점차 자신의 경향을 극대화해간다. 그러므로 진화는 본질적인 차이를 지닌 서로 전혀 다른 경향이 이미 주어져 있었던 것도 아니다.

또한 베르그송에 의하면, 다른 진화론자들이 주장하듯 진화가 그 이전의 단계가 가지고 있지 못한 성질, 즉 새로운 획득형질을 갖게 된 것을 의미하지도 않는다HBO, p.644; EC, p.176. 그리고 "동일한 진화 선상에서 하나의 종이 다른 종보다 더 진화되었다는 것을 인식시켜주는 유일하고 단순한 징표는 존재하지 않는다"HBO, p.608; EC, p.134. 이것은 어느 특정한 종에 대해 다른 종이 가지고 있지 않은 특별히 우월한 성질을 가지고 있다고 하는 주장에 반대하는 것이다. 즉, 모든 생명은 물질의 저항을 이겨내고 생명의 비약을 통해 스스로 자유로워지려는 경향이며, 진화상 그 어느 생명체가 다른 것보다 더 우월하다거나 귀하다고 말할 수 없다. 그리고 모든 생명체가 동등하다는 것은 인류에게 있어서도 마찬가지로 적용된다. 비록 물질과 생명의 갈등과 이를 극복하는 생명 약동의 측면에서 볼 때, 인류가 현재는 가장 멀리 쏘아진 화살임은 틀림없지만 말이다.

그러면 베르그송은 다윈의 자연도태설을 포함한 생물 진화론의 양대산맥 중 하나인 돌연변이설을 인정하는 것인가?

베르그송이 돌연변이설을 지지하는 것은 더욱 아니다. "생물의 성장은 배의 성장과 마찬가지로 지속의 부단한 기록과 —현재 속 과거의 종속과— 최소한 유기적 기억의 외형을 전제로 한다"HBO, p.608; EC, p.135. 또한, "유전은 형질을 전할 뿐만 아니라 형질의 변화를 일으키는 충동력까지도 전달한다. 그리고 그 힘이야말로 생명 그 자체인 것이다"HBO, p.691; EC, p.232.

결국 베르그송은 당시의 생물진화에 관한 이론 모두를 거부한다. 이러한 생물진화론은 반딧불과 같은 사실을 제의해 놓고 그것이 곧 태양이라고 주장한다는 것이다. 그렇지 않으면 자기의 도식에 알맞은 자료만을 선별하고 그 이외의 것은 인정하지 않는 지성적인 방법을 사용한다는 것이다. 그러므로 이러한 이론들은 모두 오류를 범하고 있다. 그래서 베르그송에 의하면 일반화를 위한 토대가 되는 '반복'이 물리질서의 경우에는 본질적이지만, 생명의 질서에는 우연적이라고 말하는 이유가 여기에 있다. 물리 질서는 자동적인 질서이며, 생명의 질서는 자발적인 자유의 질서이고, 목적성을 초월한다HBO, p.721; EC, p.265.

베르그송에 의하면, 생물의 진화에 있어 후퇴, 정지, 퇴보의 실례가 보여주는 바와 같이 하나이던 "약동의 경향이 특정한 시기와 장소에서 장애에 부딪히자, 본래의 경향이 우연하게 분기하여 여러 가지 상보적인 경향으로 되었다. 그리고 그것이 각각 진화의 길을 갈라지게 했다"HBO, p.711; EC, p.255.

그러므로 베르그송은 우연偶然이 진화에 끼친 영향이 크다고 한다. 그리고 이런 측면에서 보면 정지와 퇴보도 우연이고, 적응도 우연이라고 볼 수 있다. 즉 생명의 작용은 항상 정도에 따라 우연성을 띠고 있고, 언제나 선택의 여지가 포함되어 있다. 그러므로 생명의 진화란 예측 불가능한 것이며 목적론자들이 주장하듯 이미 도달해야 할 어떤 목표가 결정된 것이 아니다. 또한, 기계론자들이 주장하듯 단순한 기계적 조작과 같아서 회로도면을 살펴보면 알 수 있는 것도 아니다.

오히려 "필연이 있다면, ① 에너지énergie는 서서히 축적된다는 것과, ② 그 에너지를 신축자재하게 배수관에 넣고 일정치 않은 방향으로 흐르게 하여 그 출구에서 '자유로운 행위les actes libres'를 하도록 하는 것이다"HBO, p.711; EC, p.256. 그러므로 "생명의 본질은 완만한 에너지의 축적과 이것의 급속한 방출에 있다"HBO, p.712; EC, p.257. 따라서 "동물이건 식물이건 생명은 에너지를 축적하여 이를 다시금 유연하고 가변적인 배수관 속에 풀어놓고, 배수관 끝에 이르러서는 무한히 다양한 작업을 수행하도록 하는 하나의 노력으로 보인다"HBO, p.710; EC, p.254. 그래서 베르그송은 "생명이 진화함에 따라 창조해가는 형태는 불확정적인 것indéterminées, 즉 예견 불능의 것imprévisibles 이다. 그들 형태가 짐차가 되어 나르는 활동 역시 점차 불확정적으로de plus en plus indétrminée 자유로워de plus en plus libre진다" 고 하였다HBO, p.602; EC, p.127. 그리고 "이것이 바로 생명의 약동이 물질을 횡단하여 일거에 획득하고자 하는 것이다. 물론 약동은 유한하고 물질의 장애 전부를 주목할 수는 없다. 그렇지만 유기적 세계의 진화라는 것도 결국은 이 투쟁의 전개에 불과하다"HBO, p.711; EC, p.255.

# 10
## 생명진화의 발산방향

"최초 유기체의 생명형태가 식물과 동물형태 사이를 넘나들면서 이 양자의 특징을 동시에 지니고 있었던 것은 의심할 여지가 없다"HBO, p.590; EC, p.113. 그러나 어쨌든 지구 상에 있어서 "최초의 커다란 분열은 식물계와 동물계를 가른 분할이었다"HBO, p.710; EC, p.255. "서로 얽혀 있던 경향들 가운데에서 식물은 고착성과 무의식성을 지니게 되었고 동물은 운동성mobilité과 의식conscience을 갖게 되었다"HBO, p.591; EC, p.114. 그러므로 동물과 식물을 구분하는 뚜렷한 경향은 운동성과 의식성이라고 할 수 있다. 하지만 이러한 경향은 단계적인 것도 아니고 완벽하게 구분되는 것도 아닐 뿐만 아니라 오히려 서로의 미흡한 부분을 보충해주는 상보적인 관계를 맺고 있다.

동물과 식물, "이 두 세계의 조화, 즉 그들이 보여주는 상보적 성격은 결국 처음에는 하나로 융합되어 있던 두 가지 경향을 발전시켰다는 사실로부터 유래하는 것이다. 하나였던 본래의 경향도 성장하면 할수록 자기가 가진 두 요소를 원시 상태 그대로 생물 속에 하나로 합쳐 유지하기가 어렵다는 것을 느낀다. 그로부터 분열이 일어나고 두 상반된 진화가 일어나는 것이다. 그리고 두 가지 상반된 특징은 어떤 점에서는 상반되며 어떤 점에서는 보충적이지만, 상보적이건 상반적이건 그들 사이에는 항상 동일한 유의 모습을 지니고 있다. 도중에 동물이 차츰 자유롭게 불연속적으로 소비하는 방향으로 진화해 왔다고 한다면, 오히려 식물은 제자리에서 에너지를 축적하는 체계를 갖추어 온 것이다"HBO, p.594; EC, p.117.

그러므로 상반되는 두 개의 경향이라는 것은 애초부터 엄격히 구분되어 있는 것이 아니라, 서로에게 상대적으로 구분되는 경향을 극한으로 발전시키기 위해 점차 극대화하고 분산화한 결과이다. 이러한 두 경향은 동물과 식물의 생활 양태가 구체적으로 보여주는 바와 같이 상호보충적인 기능을 수행하고 있다고 볼 수 있다. 즉 양분의 공급과 종자의 번식 등에서 식물 → 초식동물 → 육식동물 → 미생물(부패) → 식물로 이어지는 순환관계라든지, 곤충과 꽃의 도움관계 같은 것을 보면 쉽게 짐작할 수 있다.

그러나 분명한 것은, 식물이 에너지를 축적한 근본적인 이유는 동물을 위해서가 아니라 자기 소비를 위해서라는 사실이다. 다만 '식물이 스스로 하는 소비는 본질적으로 ―자유로운 행위를 지향하는― 생명의 약동이 필요로 하는 것을 충족시키지 못했던 것'HBO, p.711; EC, p.255인 데 반해서, "동물생활이란 첫째, 에너지를 손에 넣고 저장하는 데 있고, 둘째, 되도록 유연한 물질을 매개로 하여 그 에너지를 예기치 못한 여러 방향으로 소비하는 데 있다"HBO, p.709; EC, p.253. 따라서 "폭약의 제조가 폭발을 목적으로 하는 것이라면, 생명의 근본적인 방향을 제시해주는 것은 식물의 진화보다는 동물의 진화이다"HBO, p.594; EC, p.117. 즉 생명의 충동 그 자체가 운동을 향하고 있고 예기치 못한 방향으로 급격한 에너지 방출에 있기 때문에 동물이 식물보다 더 생명의 근본적인 본질에 가깝다. 그러나 식물이 고착성과 무의식성 때문에 동물보다 생명의 본질에 덜 가깝다고 하더라도, "운동과 의식은 마치 다시 깨어날 수 있는 추억처럼 식물 속에 숨겨져 있다"HBO, p.596; EC, p.120.

한편, "동물계의 모든 진화는 식물계의 생활로 후퇴하는 것을 제외하면 두 개의 상반적인 선으로 진행되는데, 그 하나는 본능으로, 또 하나는 지성으로 진화해 왔다"HBO, p.609; EC, p.135. 그러나 베르그송에 의하며 본능과 지성도 상보적인 관계에 있다. 그리고 구체적인 본능과 지성은 서로 섞여 있으며 그것은 일종의 경향이기 때문에, 하나의 완성품이거나 엄격한 정의가 가능한 것이 아니라고 한다HBO, p.610; EC, p.137.

어쨌든 베르그송이 마비라고 불렀던 식물적인 고착성固着性과 무의식성, 동물의 운동성과 의식성, 이 세 가지가 동식물에 공통된 생명충동이 지녔던 요소이다. 그리고 그중에서 동물계가 지닌 의식성은 본능과 지성의 두 경향을 가진다. 이 본능과 지성의 두 경향을 각기 그 정상에까지 밀고 간 것이 절족동물絶足動物의 곤충류와, 척추동물脊椎動物의 인류이다. 즉 곤충류, 그중 특히 막시류膜翅類는 본능이 가장 발달한 경우이며, 인류는 지성이 가장 발달한 경우이다. 그래서 "생명의 근원은 의식이다" 이 의식은 창조의 요구이므로 창조가 가능한 곳에서만 분명히 나타난다. 생명이 무의식적인 행위를 강요당하고 있을 때는 의식은 잠을 자고 있다. 선택의 가능성이 나타날 때 그 의식은 다시 잠에서 깨어난다"HBO, p.716; EC, pp.261-262.

그런데 "의식은 오직 인간에게 있어서만 자기를 해방한다. 인간을 제외한 다른 생명체는 의식이 자유의 방향으로 끌고 가려던 기계적 동작에 오히려 끌려가고 만다"HBO, p.719; EC, pp.264-265. 그리고 "의식은 인간의 경우 무엇보다도 우선 지성"HBO, p.608; EC, p.134이라고 한다. 다만 이 지성은 생명을 생명 그 자체로 파악할 수 없다는 큰 결점을 가진다. 그래서 베르그송은 "의식은 직관일 수 있었고 또한 분명히 직관이어야 했던 것 같다. 직관과 지성은 의식적 작업의 상반된 두 개의 방향을 나타낸다. 즉 직관은 바로 생명의 방향으로 향하고 지성은 물질의 운동과 일치하고 있는 것이다. 그렇지만 이런 인류의 직관능력은 거의 완전히 지성에 의해 희생당하고 있다"HBO, p.721; EC, p.267고 한다.

그렇다면 베르그송은 우리가 지성을 버리고 본능의 소산인 직관으로 완전히 돌아서야 한다고 보는 것인가?

그렇지는 않다. 베르그송은 인류가 지성을 발전시킴으로써 다른 생물에 비해 우월하다는 것을 인정한다. 다만 생명 그 자체보다는 무생물적인 것에 더 관심을 두는 지성의 결점을 본능의 소산인 직관이 보충할 수 있다고 본다. 즉, 생명 그 자체에 관심을 두는 한에서, 본능이 지성보다 더 우월하다고 주장한다HBO, pp.628-632; EC, pp.158-163. 우리는 여기에서 지성에만 치우쳐 있는 철학을 거부하되, 직관과 지성의 균형을 잡으려는 베르그송 철학의 기본적 특성을 다시 발견한다.

그러나 어쨌든 베르그송은 아리스토텔레스는 물론이고, 다른 진화론자와도 다르게 생명의 진화를 설명하고 있다. 즉, 생명 진화의 발산 방향이 동일했다는 것이다. 생명충동의 본래적인 경향은 동물이나 식물이나 에너지의 축적과 이것의 예기치 못한 방향으로의 급격한 방출을 위한 것이었다. 최초의 유기물질은 이 양자의 경향성을 모두 보이는 것이었으나, 진화하는 동안 그 경향을 각기 극대화함으로써 뚜렷한 구분이 생겼다. 따라서 식물, 동물, 인류로의 발산 방향은 유일무이한 것도 아니며 그때의 경향도 엄격히 구분되는 것이 아니라 상보적인 관계에 있는 것이고 섞여 있다는 것이다.

그렇다면 우리는 다음과 같은 의문을 가질 수 있다. 왜 상보적이며 서로 섞여 있는 경향성에도 불구하고 생명체 사이의 분화, 변이, 연합이 일어나는가 하는 것이다.

이 점에 대해서 베르그송은 종 자체, 더 나아가서는 각 개체가 자기 이익을 위하는 것과 생명의 약동 그 자체가 원하는 것 사이의 갈등 때문에 생겨나는 것이라고 한다. 각각의 "개체는 생명의 일반운동이 자신을 통과하는 것이 아니라 마치 그곳에서 머무르는 것 같이 행동한다. 종은 각기 자신만을 생각하고 자신만을 위해서 살며 각 개체도 마찬가지이다. 즉, 각 개체도 생명 전체의 흐름보다는 각 개체의 이익과 유지를 더 중요시한다"HBO, p.711; EC, p.255. 왜냐하면 모든 동식물과 우리 자신을 포함한 개체는 생명의 흐름 그 자체는 아니기 때문이다. 그러한 "생명의 약동은 물질에 전해지면 그것의 강요를 받아 단일이나 다수의 어느 쪽을 선택하지만, 그 선택은 결코 결정적인 것이 될 수는 없다. … 약동은 한쪽에서 다른 한쪽으로 끊임없이 도약하고 있는 것이다. 그러므로 생명의 진화가 분화와 연합이라는 이중 방향으로 나아가는 것도 우연에 의한 것이 아니다. 그것은 생명의 본질, 그 자체에 기인하는 것이다"HBO, p.716; EC, p.261.

그런데 베르그송은 이 분화와 연합 사이에 균형이 유지된다고 한다. 왜 그렇게 주장하는가?

베르그송은 우리 의식의 단일성과 복수성에 대한 결정론자들의 사고방식을 거부하였다. 또한, 직관에 반대하는 학파에서 주장하는 단일성과 다수성의 구분을 거부하였다. 이와 마찬가지로 베르그송은 그의 양가적兩價的인 이원론적二元論的 일원론一元論의 사고방식을 생명의 문제에도 적용하였다. 즉 "단일성과 다수성의 구분은 무생물질의 범주에 속하며 생명의 약동은 순수한 단일도 다수도 아니다"HBO, p.716; EC, p.261. 그러므로 "생명의 다양한 단일성은 다수의 방향으로 잡아당겨 늘어지면 그만큼 자기로 향하여 수축하려 노력하는 것과 같다. 부분은 분리되자마자, 나머지 전체와는 불가능하더라도, 최소한 자기와 가장 가까운 곳에 있는 것과 다시 결합하고자 노력한다. 이로써 생명의 분화와 연합 사이의 균형이 유지된다"HBO, p.714; EC, p.259는 것이다.

# 11
## 창조와 생명의 비약

베르그송의 철학은 순수한 운동, 예견 불가능한 새로움, 창조와 자유에 역점을 두었다. 그래서 사람들은 그의 철학을 스펜서의 '과정철학process philosophy'과 같은 것으로 특징짓기도 한다. 하지만 베르그송의 철학은 스펜서의 과정철학과 다르다. 베르그송의 입장에서 보면 스펜서의 과정철학은 기계론적인 입장에 근거를 두고 있기 때문이다. 이와는 반대로 베르그송의 철학은 순수하게 유기체적이며 순수 지속적인 것이다. 그래서 베르그송의 철학사상에서 시간, 동일성, 자유의지, 지각, 변화, 기억, 의식, 언어, 수학의 정초, 그리고 이성의 한계 등의 단어는 서로 연관되어 있다. 그리고 『창조적 진화』에서 특히 지속적인 생명 창조의 문제에 대해 생각하였다. 이것은 스펜서의 진화론적 철학과는 명백히 대치되는 것이다. 스펜서는 찰스 다윈의 이론을 철학 안으로 끌어들여, '최적의 적응에 의한 생존survival of the fittest'을 주장하였다.

그런데 우리가 일반적으로 창조라는 단어의 의미를 생각할 때 가장 먼저 떠오르는 것은 신神에 의해서 우주의 삼라만상이 생겨났다는 그리스도교의 창조론이다. 그래서 바로 이러한 그리스도교적인 창조의 의미를 '존재하는 자가 스스로 있지 않은 어떤 사물을 존재하게 하는 활동'이라고 질송은 정의했다E. Gilson, 정은혜 옮김, 『존재란 무엇인가?』, 서광사, 1992, p.65 참조. 그러나 다른 한편으로 우리는 창조라는 말을 예술가나 그와 유사한 일을 하는 사람들이 여태까지 없었던 어떤 새로운 것을 만드는 활동이라는 의미로도 사용한다. 이때 창조의 의미는 신이 아닌 유한자에 의해 이루어지는 활동이다.

베르그송의 철학사상 속에서도 창조는 우주적 생명의 차원과 인간 행위의 차원으로 구분된다. 하지만 베르그송의 창조는 우주적 차원에서는 앞에서 언급한 신에 의한 창조 행위와 구분되며, 인간에 의한 창조 행위의 차원에 있어서도 일반적인 창조의 의미와 다르다. 베르그송이 말하는 창조의 의미를 인간의 행위와 관련하여 살펴보자.

베르그송은 인간의 행위에 의한 창조에 대해서 '창조는 정신의 단순한 행위un acte simple de l'esprit'HBO, p.698; EC, p.241라고 했다. 구분해서 보면 "발명을 내포하고 있는 인간의 업적과 자유를 내포하고 있는 의지행위, 그리고 자발성을 나타내는 유기체의 운동이 합쳐져서 새로운 무엇을 세계에 가져다준다" HBO, p.698; EC, p.241. 세 가지는 서로 분리된 것이 아니라 하나의 전체가 되어 있으며, '정신의 단순한 행위'인 것이다.

한 예로 예술가를 생각해 보자. 예술가의 작업은 부분으로 분할할 수 없는 전체이며 지속이다. "발명의 시간은 발명 그 자체와 하나가 된다. 형상을 자기 영혼 속에서 끌어내 창조하는 예술가에게 있어 시간은 부속물이 아니다"HBO, p.783; EC, p.340. 그리고 그것이 전체라는 점은 시작詩作이나 서예書藝를 생각해보면 쉽게 이해할 수 있다. 시에 사용되는 단어나 알파벳은 이미 주어져 있는 것이지만, 한 천재의 작품으로서 시는 결코 단순한 단어의 조립이 아니다. 그것은 시인 영혼의 총체적이고 지속적이며 단순한 작업의 결과이다. 또한 대 서예가가 긋는 획 하나는 단순한 선이 아니다. 그것도 서예가의 전 영혼과 전체의 행위가 어우러진 것이다. 그래서 베르그송은 "천재가 작품을 제작할 때 보여주는 자유로운 결단의 경우와 마찬가지로 우리는 자기 생명력의 용수철을 가능한 한 팽창시켜 단순한 소재의 조립으로는 만들어 낼 수 없는 것을 창조한다"HBO, p.783; EC, p.341고 한다.

그러므로 "우리는 우리 자신을 끊임없이 창조해가고 있다"HBO, p.500; EC, p.7고 말할 수 있다. 변화는 성숙成熟을 의미하는데, 성숙은 자기 자신을 창조하는 것이며, 이를 통해 우리의 인격은 점차 완성되어 간다HBO, p.500; EC, p.8. 그러므로 베르그송은 "우리가 자신의 존재를 자신의 의지 속으로 끌어들이고, 그 의지를 연장하는 충동 속에 둘 때, 사상事象은 끊임없는 중대이며 한없이 계속되는 창조라는 것을 알게 되고 느끼게 된다. 즉, 창조란 어떤 '신비mystère'가 아니라 우리가 자유롭게 행동하기를 시작하면서 우리 자신 속에서 '체험expérimentaion'하는 것"HBO, p.706; EC, p.249이다.

베르그송이 말하는 우주적 차원에서의 창조도 인간 의식에서의 그것과 근본적으로는 같은 것이다. 우주적 차원에서도 창조는 '생명 자체의 힘'이며, '생명 자체의 요구'이고, '생명의 약동'이기 때문이다. 베르그송은 '새로운 것novelty'의 등장을 순수하며 정의 불가능한undetermined 창조의 결과로 보았다. 그것은 기계론적 힘forces에 의한 예정된predetermined 결과가 아니다. 그래서 "세계의 창조는 자유행위acte libre이고 생명은 물질 세계 내부에서 그러한 자유의 성격을 가지고 있다"HBO, p.705; EC, p.248. 즉, 생명의 약동(비약) 그 자체가 창조의 요구exigence de création라는 것이다. 그것은 인간의 의식에서와 마찬가지로 신비가 아니다. 그래서 베르그송은 『창조적 진화』에서는 그리스도교에서 말하듯 창조를 신비로 보는 것을 인정하지 않는다. 마지막 저서인 『종교와 도덕의 두 원천』에서는 신을 사랑이라고 보고 신과의 신비적 일치의 체험이 또한 창조라는 것을 인정하지만 말이다.

베르그송에 의하면 이 우주는 이미 완성된 것이 아니라 끊임없이 완성되어 가는 것, 즉 새로운 세계의 참가에 의해서 끊임없이 성장해 가는 것이다. 왜냐하면 무엇보다도 우주 안에서 새로운 발명이나 창조가 없다면 시간은 무용지물이 되고 말 것이기 때문이다. "시간은 발명이거나 아무것도 아니어야 한다"HBO, p.784; EC, p.341. 그런데 우리가 잘 알고 있다시피 지속으로서의 시간은 끊임없는 흐름이다. 따라서 세계는 끊임없는 창조이다. 그러므로 "신神도 하나의 실체로서가 아니라 끊임없는 분출과정으로밖에는 이해될 수 없는 존재이다. 신은 그로부터 세계가 끊임없이 불꽃처럼 분출되는 그 중심이기 때문이다. 그리고 이 세계는 미리 완성된 것이라고는 하나도 없는 끊임없는 생명 그 자체vie incessante요, 활동action이며 자유liberté이다"HBO, p.706; EC, p.249.

그러므로 베르그송이 말하는 창조란 우주적인 차원에서나 인간의 차원에서나 끊임없이 완성되어 가는 생명의 자유로운 행위를 의미한다. 그리고 바로 이 점에서 창조와 진화의 연결점을 찾을 수 있다. 즉, 베르그송의 철학에 대한 이해 없이 '창조적 진화'라는 말을 접했을 때 가질 수 있는 ―단어 자체가 모순을 담고 있다는― 생각을 이겨낼 수 있다.

생물이 미생물에서 점점 고등생물로 진화되었다고 주장하는 진화론자들에게 있어서 창조란 의미는 인간의 지성과 과학이 덜 발달한 상태에서 우주의 기원을 설명하기 위한 하나의 방편으로서 제시된 것에 불과하다. 반대로, 절대자의 우주 창조물을 믿는 이들에게 진화란 의미는 창조주에 의해서 모든 피조물이 창조되었다는 것을 거부하는 것이기에 다른 피조물에 대한 인간의 우월성을 인정하지 않는다는 것을 의미한다.

그러나 베르그송의 입장에서 보면 '창조'와 '진화' 두 단어가 서로 모순되는 것은 아니다. 생명을 전체적으로 볼 때 '진화 évolution'라고 하는 것은 의심할 여지가 없는바, 환원하면 하나의 끊임없는 변형transformation incessante이기 때문이다HBO, p.706; EC, p.249. 즉, 생명이란 자유로운 행위로 예견불능의 미래를 끊임없이 창조하는 생성, 변화, 성숙으로서의 지속이며, 진화란 결국 생명의 약동이 물질의 저항을 이겨내는 변형의 작업이기에 결국 창조를 의미한다. 그러므로 창조와 진화는 결국 생명의 약동이라는 힘의 두 가지 다른 표현인 셈이다. 다시 말해, 진화란 자유로운 행위에 의한 예측 불가능한 방향으로의 부단한 창조이며 우리는 이를 생명의 약동이라고 부르는 것이다. 그러므로 생명의 약동이야말로 새로운 종을 창조하는 진화의 원인이다HBO, p.596; EC, p.88.

한편 앞에서도 여러 차례 언급된 생명의 약동은 베르그송 철학에 있어서 직관과 지속과 더불어 가장 중요한 개념 중의 하나이다. 진화를 설명하는 데 있어 핵심 개념이기도 한 '생명의 약동'은 『창조적 진화』에서 처음 등장하였다. 이 개념을 통해 베르그송은 인간의 창조적 충동creative impulse of mankind을 포함한 모든 '생명체들'의 진화를 기계론적으로가 아니라 살아 있는 생명주의의 방식으로 설명하려고 하였다. 그리고 바로 이 개념 때문에 베르그송의 철학은 '생명주의vitalism'로 규정되기도 한다. 하지만 그는 자신의 사상이 명백하게 목적론적 우주관과 개체주의에 기초를 둔 다른 생명주의와는 다르다고 주장하였다.

베르그송이 말하는 '생명의 약동 또는 비약'은 단순히 생명의 힘이 아니다. 물론 이것이 생명체의 성장을 일으키는, 또는 가능하게 한다는 의미에서 '힘'이라고 말할 수는 있다. 베르그송은 이것을 비유기체적인 물질의 엔트로피-경향과 대비되는 개념으로 사용하였다. '생명의 약동'은 그것이 유類이든 종種이든 개체이든 간에 생명을 가진 것들이 함께하는 운동 또는 움직임이며, 이런 의미에서 '비약飛躍'이라고 말할 수 있다. 이것은 증가하는 폭발이며, 에너지가 충만한 가능성이고 운동이며, 여기에는 분명한 의식적인 행위도 함께 포함한다. 바로 이 점에서 다윈의 진화론과 베르그송의 진화론은 분명한 차이를 드러낸다.

다원주의는 신다원주의, 신라마르크주의, 신종말론과 더불어 '기계론적mechanistisch'인 입장을 취한다. 그런데 베르그송에 의하면 이러한 입장에서는 '전혀 새로운 것의 등장'에 대한 이해가 불가능하다. 그들은 새로운 것의 등장을 인과론적인 진행을 대신하는 '우연'일 뿐이라고 보기 때문이다. 베르그송에 의하면 이러한 주장은 '모든 것은 이미 주어져 있다'는 태도를 고수한다.

이에 반해 베르그송은 다윈의 격리이론과 진화생물학의 이론 자리에 '창조적 성장'의 이론을 제시한다. 그리고 바로 이점에서 그의 사상은 경험적인 현상에 대해 다른 관점을 피력하는 것이며, 물질과 생명을 '절대적으로 분리해서 보는' 진화생물학의 바탕 위에 서 있으면서도 차이점을 강조한다.

## 12
### 자유와 사랑의 비약

자유의 의미는 인간이란 무엇인가 하는 인간 존재의 의미규명을 위한 철학적 근본문제와 직결된 주요한 문제이다. 그런데 우리는 대부분 자유라는 단어를 사용하거나 생각할 때 다른 많은 단어는 전혀 정의하지 않고 사용하듯, 특별한 개념 규정 없이, 마치 그 의미가 누구에게나 자명하고 공통된 것이라도 되는 듯 사용하고 있다. 막연하게, 자유란 인간이 태어날 때부터 부여받은 권리이며, 누구에게도 양도할 수 없는 기본 권리이기에 자유를 위해서 투쟁한다는 것은 당연한 일이라고 생각한다.

그러나 자유가 어떤 의미를 지녔는지 되물었을 때, 누구도 자유의 의미에 대해 자신 있게 정의 내릴 수 없다는 것 또한 사실이다. 자유라는 단어가 지닌 의미는 인류의 오랜 역사를 통해 때와 장소를 바꾸어가며 수많은 사람에 의해 점차 발전, 또는 새로운 의미가 덧붙여지고 삭감되어온 것이기에 사람마다 학자마다 그 정의가 다르기 때문이다.

토마스 아퀴나스에 의하면 자유란 지성의 인도를 받아 지복을 향해 가는 자유의지를 뜻한다. 많은 그리스도교인에게 있어서는 신의 뜻에 순명하는 것, 즉 스스로 하느님의 종이나 자녀가 됨으로써 누리는 행복을 의미한다. 그러나 카뮈Albert

Camus에게 있어서 자유는 신에 대한 반항이며, 사르트르에게 있어서는 자기 자신에 의한 절대적인 자기운명의 선택이다. 그렇지만 이런 답변과 해석에 만족하지 못하는 수많은 철학자, 정치학자, 심리학자들은 저마다 자유의 의미가 무엇인가에 대해 답변을 시도하고 있다. 그것은 아마도 자유가 인간이 자신의 삶을 통해서 추구하고 찾아내야만 하는 최고의 권리요 목표이기 때문일 것이다. 그러므로 자유는 신神이 우리에게 부여한 권리라고 할지라도, 그 의미를 발견하기 위해서는 인간 스스로 끊임없이 돌을 지고 산을 올라야 하는 '시시포스의 노력'을 필요로 하는 것이다.

그런데 베르그송은 특이하게도 자신의 철학사상에서 처음부터 마지막까지 자유의 문제에 천착하면서도 자유가 무엇인지를 정의하지는 않았다. 그는 '자유란 ~이다'라는 표현을 쓰지 않고 '~은 자유이다', '~은 자유롭다', '자유로운 ~'이라고 하는 등 서술과 묘사의 방법을 취한다.

『의식에 직접 주어진 것에 관하여』에서 베르그송은 자신의 철학이 자유의 문제에 대해 큰 관심을 가지는 것이 자유에 대한 특정한 개념이나 주장을 옹호하기 위한 것이 아니라, 오히려 자유에 대한 모든 부당한 논의를 종식하기 위해서라고 밝혔다HBO, p.3; ED, Avant-Propos.

또한 『창조적 진화』에서는, 인간에게 있어 "창조는 정신의 단순한 행위"HBO, p.698; EC, p.241이며 "우리는 끊임없이 자신을 창조"HBO, p.500; EC, p.7해가고 있는 자유로운 존재라고 표현하였다. 변화는 성숙이며 성숙은 곧 자기 자신을 창조하는 것이며 우리의 인격은 이 과정을 통하여 점차 완성되어 간다는 것이다. 그리고 발명, 즉 창조를 내포하고 있는 인간의 업적, 자유를 내포하고 있는 의지행위, 자발성을 나타내는 유기체의 운동은 새로운 무엇을 세계에 가져다준다고 한다HBO, p.698; EC, p.241.

한 예로, 예술가를 생각해 볼 때 그 예술가가 작업을 지속하는 것은 작업 자체와 완전한 일치를 이루고 있는 것을 의미한다. 그러므로 창조의 시간은 창조 그 자체와 하나가 된다. 따라서 형상을 자기 영혼 속에서 끌어내어 창조하는 예술가에게 있어서 시간은 부속물이 아니다. 마치 시詩에서 사용되는 단어나 알파벳이 이미 주어져 있지만, 시가 결코 단순한 단어의 조립이 아닌 것처럼 천재적 예술가의 작품 제작은 단순한 물질의 변형이 아니다. 예술가는 자유로운 결단을 통하여 자기 생명력의 용수철을 가능한 한 팽창시켜서 소재의 단순한 조립으로는 만들어 낼 수 없는 전혀 새로운 것을 창조한다 HBO, p.783; EC, p.340. 그러므로 베르그송에 의하면, 우리의 "의식은 발명, 즉 창조와 동의어이며, 또한 자유와 동의어이다le conscience est synonyme d'invention et de liberté"HBO, p.718; EC, p.264. 따라서 우리에게 있어 창조와 자유는 동의어이다.

그리고 『종교와 도덕의 두 원천』에서 말하는 바에 의하면 자유는 우리 인간에게 있어서 영혼 해방의 정서를 의미한다. 그것은 "스스로 열어젖히며, 자신의 내면과 사회(도시) 안에서 자신을 가로막는 자연과의 관계를 끊어버리는 영혼의 정서이다"HBO, p.1018; MR, p.50. 이 해방된 영혼l'âme ainsi libérée에게는 장애l'obstacle가 극복되는 것이 아니라 아예 없다HBO, p.1020; MR, p.51. 그리고 이것을 이뤄낸 사람은 종교의 창시자와 개혁자, 신비가와 성인聖人과 도덕적 삶에 있어서 알려지지 않은 영웅이다. 그들은 모범을 통하여 우리를 부르고 있다HBO, p.1017; MR, p.47. 그것은 강요가 아니라 열린 —자유의지에 의한— 스스로 참여하도록 열망aspirtion하게 하는 부름appel이다.

베르그송에 의하면 인간사회는 인간의 창조적 행위를 돕고 권장하는 방향으로 나아가야 한다. 사회 자체의 보존을 위해 자유가 제한되고 강제와 억압이 행해지는 닫힌 사회société close 여서는 안 된다. 하지만 우리 인간 사회 모두가 이상적인 열린 사회société ouverte의 형태인 것은 아니다. 또한 우리는 자기 자신에게 속해 있듯이 사회에도 속해 있다. 그러므로 우리는 무인도에 가더라도 자신의 사회적 자아social-ego를 가지고 갈 수밖에 없다HBO, pp.985-986; MR, pp.6-8. 그리고 이런 사회적 자아는 우리에게 복종obligation과 의무를 우선으로 하는 닫힌 도덕closed moral의 세계에서 살도록 한다. 그렇지만 이것은 지성보다도 더 낮은infra-intellect 본능의 영역sociological-biological에 속하는 것이며 ―지성보다도 더 높은 차원에 있으며― 생명과 삶 자체의 창조적인 원천과 관련된 직관과 지속의 세계와는 매우 거리가 있다. 그래서 베르그송은 『종교와 도덕의 두 원리』에서 강요된 윤리가 아니라 열망의 윤리가 이끌어가는 개방된 사회와 열린 도덕morale ouverte을 강조하는 것이다.

우리가 앞에서 살펴본 바와 같이, 모든 생명은 진화하도록 창조되었으며, 생명의 비약을 위해 물질의 저항을 이겨내려고 노력한다. 그러므로 자유와 창조는 모든 생명체의 공동 목표이다HBO, pp.1055-1056; MR, pp.97-98. 그런데 특히 인간은 현재 생명 진화의 맨 끝에 서 있는 존재이며, 정신적sprituelle으로 스스로 더욱 고양高揚시키는 '사랑의 비약élan d'amour'을 이룰 수 있는 존재이며, 또한 그 비약을 이루어야 하는 존재이다HBO, pp.1059-1060; MR, pp.101-103. 그리고 이 '사랑의 비약'은 '참된 영웅'과 '성인聖人'의 '인격적 부름l'appel d'une personalité'에 우리가 '응답le rèsponse'하려는 과정에서 이루어진다HBO, pp.1003-1005; MR, pp.29-31. 쉽게 말하면, 큰 바위 얼굴을 기다리던 사람이 스스로 큰 바위 얼굴을 닮게 된다는 것과 같다고 말할 수 있다. 그리고 이러한 사랑에 의해 변화해가는 것이 진화의 가장 끝에 서 있는 인간이라는 생물 종, 곧 인간사회의 올바른 진화방향이라는 것이다.

그러므로 열린 도덕은 이상적인 인간상, 이상적인 사회와 연관 지어진다. 사회의 강제적인 의무에 복종하는 것에 멈추지 않고, 생명과 삶 자체의 창조적인 원천과의 관계를 통하여 인간사회를 더 높은 차원으로 끌어올리는 것이다. 즉 생명의 힘으로 규정되는 것이 열린 도덕이며, 이 생명의 힘을 베르그송은 정감emotion이라고 부른다HBO, p.1190; MR, p.268. 그리고 이는 삶의 '창조적인 움직임mouvement crêatrice'을 의미한다. 인간의 의식을 포함한 생명과 지속이 곧 자유이기에 영웅과 성인의 부름에 응답하는 것은 우주의 질서 그 자체에 가장 자연스럽고 자유로운 행위이다.

그렇지만 베르그송에 의하면 자유는 그 활동에 있어 어떤 새로운 습관을 만드는바, 자신의 부단한 노력이 없다면 그 습관은 우리의 자유를 질식시켜버리고 만다HBO, p.605; EC, 130. 따라서 우리는 부단한 자기극복과 창조를 통해서만 참된 자유를 획득할 수 있다. "자유롭게 행동한다는 것이야말로 자기를 되찾는 것이며 순수지속 가운데 자신을 다시 두는 것"이기 때문이다HBO, p.151; ED, p.174.

그리고 이것은 지성을 초월하는 신비적인 힘의 단계이다. 이 신비적인 힘은 '신과의 신비적인 일치mystical union with God'의 결과이다. 따라서 열린 도덕은 역동적 종교와 짝을 이룬다. 역동적 종교야말로 신비에 바탕을 두고 있기 때문이다. '신과의 일치'가 위대한 신비인 것은 한 개별자, 곧 인간이 물질적인 본질로 種종에게 주어진 한계를 초월하기 때문이다. 이것은 신성과의 의사소통이며, 이를 위한 인간 삶의 초월을 의미한다.

여기에서 베르그송의 철학과 그리스도교라는 종교가 만난다. 즉, 베르그송이 창조적 진화에서 보았던 '불꽃처럼 분출하는 우주의 창조적 에너지 곧 생명의 힘으로서의 신神'은 이 단계에 이르면 사랑이라고 정의되어야 한다. "신비주의적 직관l'intuition mystique의 철학자의 입장에서 보면 신의 본질l'essence même de Dieu은 숭고한 사랑sublime amour이다"HBO, p.1190; MR, p.268.

또한 베르그송에 의하면, 신성한 사랑l'amour devin은 신이 지닌 그 어떤 것quelque chose de Dieu이 아니라 신 그 자체Dieu lui même이며HBO, p.1189; MR, p.267, 인간이 신을 필요로 하는 것처럼 신도 인간을 필요로 하기 때문에 인간을 창조하였다. 즉, 사랑 그 자체인 신은 사랑을 베풀기 위하여 사랑을 받을 만한 가치가 있는 존재를 창조하였다는 것이다HBO, p.1192; MR, p.270.

사람들은 끊임없이 '인간이란 지구 표면의 작은 얼룩이요. 지구는 우주 안에서 한 점에 불과하다'는 사실을 말해왔다. 그렇지만 물리적인 입장에서조차 인간이 단지 그에게 할당된 작은 점만을 소유한 존재는 아니다. … 사람들이 인간의 왜소함과 우주의 광대함을 말할 때, 우주의 복잡성을 마치 우주의 크기에 비례하는 것으로 생각하고 있다. 한 인간은 어떤 단순한 존재une personne fait l'effet d'être simple로 나타난다. 물질계가 상상을 불허하는 복잡성une complexité을 가지고 나타나는 것과는 다르다. 우리가 볼 수 있는 가장 작은 입자粒子조차도 세계 그 자체이다. 그런데 우리는 이 세계가 우리 인간을 위해 존재한다는 것을 어떻게 믿을 수 있는가? 하지만 우리는 그렇게 믿을 수 있으며, 또한 믿지 않으면 안 된다. 전체는 단순한 것le tout est simple이기 때문이다HBO, pp.1194-1195; MR, pp.274-275.

결국 베르그송은 사랑과 창조의 존재être이며 힘énergie인 신이 생명에게 부여한 의의une telle signification à la vie와 인간에게 부여한 위치une telle place à l'homme에 의해서, 인간은 생명 진화의 궁극점으로 창조되었다고 말할 수 있다고 한다HBO, pp.1196-1198; MR, pp.277-279. 그리고 생명진화의 궁극점인 인간의 변화와 창조와 초월은 바로 이 사랑의 비약élan d'amour을 통해서 이루어진다는 것이다.

# 3

# 베르그송의
# 생명주의 철학의 의미

지금까지 살펴본 베르그송의 철학사상을 정리해 보면 다음과 같다.

　살아 있는 것을 살아 있는 것으로 파악하려 한 베르그송의 철학은 유물론적인 입장에 반대하는 프랑스의 유심론唯心論, spiritualism의 계보에 서 있으면서도 생물학이나 뇌과학의 연구 성과를 자신의 철학 세계 안으로 끌어들인 독특한 생명주의 철학이다. 그는 생철학의 계보에 속하기는 하지만 생명의 문제를 인간에 국한하지 않고 생명 일반으로, 우주론적으로 확장했다. 이 점에서 베르그송은 고정 불변한 것으로서의 존재에만 관심을 기울인 전통 형이상학과 다른, 생성과 운동에 관심을 기울이는 새로운 형이상학을 제시하였다.

　베르그송은 직관을 지성에 대비시켜 반지성주의자, 반주지주의자라는 평을 들었으나, 그가 부정하려 한 것은 지성 그 자체가 아니라, 지성 일변도의 사변철학이었다. 베르그송은 직관이란 단순한 행위이며, 공감행위이고 그 자체를 지속으로 보았다. 그리고 직관만이 살아 있는 실재를 그대로 파악하는 능력이라고 보았기에, 그 중요성을 강조한 것이다. 이에 반해서 지성은 비유기체적이며 인공적인 도구를 제작하는 고도의 능력이다. 그것은 정신을 양화하며 순수지속을 공간화하고 사물을 등질화, 단순화하는 결점을 가진다. 그러므로 지성은 생명 그 자체를 파악할 수도 없고 우리의 의식을 파악할 수도 없다.

베르그송에 의하면 우리의 자아는 반복 불가능의 순수지속이며 이는 물리적 시간과 차원이 전혀 다른 것이다. 물리적 시간이란 순간들의 집합이며, 가역적可逆的이고 반복 가능하며 운동체의 공간상 위치에 불과한 것이다. 그러나 순수 지속으로서의 시간은, ① 끊임없는 흐름, 변화이며, ② 운동성 그 자체이고, ③ 분할 불가능하고 순수한 질적質的인 것이며, ④ 불가역적이고, ⑤ 반복 불가능하며, ⑥ 예견불능이며, ⑦ 자유이자, ⑧ 동시에 창조이다.

그리고 이러한 측면에서 보면 현재는 고정되어 있거나 고립되어 존재하는 것이 아니다. 순수지속으로서 우리의 의식에서 보면 현재는 없다. 부단히 과거가 되어가고 있는 미래가 있을 뿐이다. 또한 과거는 ―순수지속이 순수하게 질적인 것이기 때문에 물질적으로 눈덩이가 굴러갈 때 점점 더 쌓여서 커지는 것처럼― 양적으로 축적되는 것이 아니지만 분명 질적으로 축적되어 쌓여가는 것이다. 그리고 그것은 뇌라는 물질적 장소를 통해 현재화할 수 있는 기억을 의미한다. 그러므로 뇌는 기억의 저장 공간이 아니라 기억이 현재화하는 지점이다. 그리고 우리의 기억은 습관적 기억과 순수 기억으로 나뉜다. 그것은 우리의 자아가 피상적 자아와 순수 자아로 나뉘는 것과 같은 이치이다. 습관적 기억은 양으로서 공간화된 시간의 질서에 속하며, 순수 기억은 순수한 질로서 지속의 세계에 속한다.

한편 순수지속의 입장에서 보면 미래는 항상 새롭게 창조된다는 특징을 가진다. 그러므로 우리의 삶은 결정론에서 주장하는 것과는 달리, 예견불능의 미래를 새롭게 창조하는 행위와 그것을 행하는 자유의지의 세계에 속해 있다. 그것이 생명으로서 우리 삶의 특징이다. 그러므로 인간의 생명을 포함한 모든 생명의 특징은 다음과 같다.

첫째, 모든 생명은 부단한 흐름이며 지속이다. 그러므로 생명은 예견불능, 규정불능의 미래를 창조하는 하나의 경향이라고 말할 수 있다. 이 점에서 기계론과 목적론은 생명의 창조적 진화를 올바로 이해할 수 없다.

둘째, 모든 생명의 본질은 물질의 저항을 이겨내고 그 힘을 창조적으로 발산하는 약동이다. 이를 통해 생명은 여러 방향으로 전개하였다. 그러므로 우주적 진화의 차원에서 볼 때 모든 생명은 동등한 자격을 가진다. 다만, 식물과 동물은 상반되는 경향을 보여준다. 식물은 고착성과 무감감성, 에너지를 축적하는 체계를 가지고 있다. 이에 반해 동물은 운동성과 의식, 에너지를 자유롭고 불연속적으로 소비하는 경향을 가지고 있다.

셋째, 생명의 차원에서 보면 창조와 진화, 창조와 자유는 같은 의미이다. 모든 생명은 진화하도록 창조되었으며, 생명의 비약을 위해 물질의 저항을 이겨내려고 노력한다. 그러므로 자유와 창조는 모든 생명체의 공동 목표이다.

넷째, 현재까지의 진화방향을 살펴볼 때, 인류가 생명진화의 가장 끝에 서 있다는 것은 틀림없으며, 생명진화의 궁극점으로 보인다. 그런데 이러한 인간에게 있어서도 상반되는 경향이 나타나는데, 그것이 바로 지성과 직관이다.

다섯째, 인간의 삶에서 가장 아름다운 생명의 발산은 사랑의 비약이다. 그리고 우리는 이를 실천하는 자를 참된 영웅과 성인이라 부를 수 있다.

여섯째, 생명이 용솟음치는 우주의 근원으로서의 신은 곧 사랑이다. 우리 인간은 신과의 신비한 일치를 통해 스스로 창조해가는 자유로운 존재이다.

그럼 베르그송 생명주의 철학이 우리에게 전해주는 메시지는 무엇인가?

그것은 다음과 같이 요약해볼 수 있을 것이다.

첫째, 모든 생명은 소중하고 평등하며 현재 진화의 끝자락에 서 있는 우리 인간은 더욱 그렇다. 둘째, 찰나에 불과할 만큼 유한한 삶을 사는 것이 유한자로서 우리 인간의 삶이지만, 셋째, 부단히 노력함으로써 자신의 한계를 뛰어넘으려는 것이 모든 생명체의 공통된 이상이기에, 넷째, 특히 우리 인간존재는 이 한계를 뛰어넘을 수 있는 존재이고, 다섯째, 또 뛰어

넘어야 하는 존재이며, 여섯째, 이를 통해 인간은 참된 자유를 획득하게 된다. 왜냐하면 일곱째, 창조적 삶은 동시에 자유로운 삶을 의미하기 때문이다. 여덟째, 참된 성인이나 영웅으로 불리는 이들의 부름을 통하여 우리를 자유와 창조의 열린 사회 그리고 역동적인 종교로 초대하고 있으며, 이런 의미에서 그들은 우리가 참된 자유를 얻기를 바라는 존재이며 사랑의 마음으로 모범이 된다. 아홉째, 이에 자발적으로 복종하고 적극적으로 따를 때, 인간은 더 높은 차원으로 고양된다. 그리고 이것이 바로 부름과 응답을 통하여 사랑의 비약을 이루도록 돕는 참된 인간 공동체의 모습이다. 열째, 그리고 이 모든 것의 근저根底에는 생명의 근원이며 신성한 사랑 그 자체인 신이 있다.

결국, 베르그송의 철학은 '생명'의 의미에 대한 이해를 통해 진화와 창조의 문제에 대해 해결점을 찾음으로써, 그리스도교와의 일치점을 찾아냈다고 말할 수 있다. 즉, 끊임없이 용솟음치는 생명의 근원으로서의 신, 부름과 응답 및 이를 통한 사랑의 비약의 궁극적 귀착점으로서 신, 곧 사랑의 약동 그 자체로서의 신과 신비적 일치를 인정하게 된 것이다. 그리고 우리에게 모든 살아 있는 것에 대한 사랑, 곧 생명과 사랑을 강조하며, 우리로 하여금 물질의 저항을 이겨내고 자신의 삶(생명)을 더 높은 차원으로 고양하고 승화시키기 위해 치열한 노력을 기울이도록 충고하고 있다.

# 참고문헌

• 베르그송 저서(약어)

1889년 EI 『의식에 직접 주어진 것에 관하여(*Essai sur les donées immédiates de la conscience*)』, Alcan, Paris; 최화 옮김, 『의식에 직접 주어진 것들에 관한 시론』, 아카넷 2001; Time and Free Will: An Essay on the Immediate Data of Consciousness(1910), Dover Publications 2001.

1896년 MM 『물질과 기억, 육체와 영혼의 관계에 관하여(*Matière et mémoire. Essai sur la relation du corps à l'esprit*)』, Alcan, Paris; 박종원 옮김, 『물질과 기억』, 아카넷 2005; Matter and Memory(1911), Zone Books 1990, Dover Publications 2004.

1900년 『웃음, 코미디의 의미에 관하여(*Le rire. Essai sur la signification du comique*)』, Alcan, Paris; Laughter: 김진성 옮김, 『웃음』, 종로서적, 1983; An Essay on the Meaning of the Comic(1900), Green Integer 1998, Dover Publications 2005.

1903년 IM 『형이상학 입문(*Introduction à la métaphysique*)』.

1907년 EC 『창조적 진화(*L'Evolution créatrice*)』, Alcan, Paris; 정한택 옮김, 『창조적 진화』, 박영사 1980; 황수영 옮김, 『창조적 진화』, 아카넷 2004; Creative Evolution(1910), University Press of America 1983, Dover Publications 1998, Kessinger Publishing 2003, Cosimo 2005.

1919년  「영적인 에너지, 논문과 강연 모음(*L'Energie spirituelle. Essais et con-férences*)」, Alcan, Paris; Mind-energy 1920. (L'Energie spirituelle 1919) McMillan.

1922년  「지속과 동시성, 아인슈타인의 이론에 대하여(*Durée et simultanéité. A propos de la théorie d'Einstein*)」, Alcan, Paris; Duration and Simultaneity: Bergson and the Einsteinian Universe 1922. Clinamen Press Ltd.

1932년  MR  「종교와 도덕의 두 원천(*Les deux sources de la morale et de la réligion*)」, Alcan, Paris; 강영계 옮김, 「도덕과 종교의 두 원천」, 탐구당 1985; 송영진 옮김, 「도덕과 종교의 두 원천」, 서광사 1998; The Two Sources of Morality and Religion(1932), University of Notre Dame Press 1977.

1934년  「사유와 운동, 논문과 강연 모음(*La pensée et le mouvant. Essais et con-férences*)」, Alcan, Paris; 이광래 옮김, 「사유와 운동」, 문예출판사 1993; The Creative Mind: An Introduction to Metaphysics 1946. (La Pensée et le mouvant 1934) Citadel Press 2002.

1959년  HBO  「전집(*Henri Bergson Œuvres*)」, 주석: André Robinet; 해설: Henri Gouhier, Paris: Presses Universitaires de France.

1972년  「잡저(*Mélanges*)」. 주석: André Robinet/ Rose-Marie Mossé-Bastide/ Martine Robitnet/ Michel Gauthier; 서문: Henri Gouhier, Presses Universitaires de France, Paris.

세창사상가산책 **9** 베르그송